ABBA

Edition Delius

CARL MAGNUS PALM

ABBA

THANK YOU FOR THE MUSIC

Aus dem Englischen von Melanie Köpp

DELIUS KLASING VERLAG

INHALT

Die englische Originalausgabe mit dem Titel ABBA at 50 erschien 2022 bei Palazzo Editions, United Kingdom.

Bibliografische Information der Deutschen Nationalbibliothek
Die Deutsche Nationalbibliothek verzeichnet diese Publikation in der Deutschen Nationalbibliografie; detaillierte bibliografische Daten sind im Internet über http://dnb.dnb.de abrufbar.

1. Auflage
ISBN 978-3-667-12507-1 (normale Ausgabe)
ISBN 978-3-667-12508-8 (Luxusausgabe)
Die Rechte für die deutsche Ausgabe liegen beim Verlag Delius Klasing & Co. KG.

Aus dem Englischen von Melanie Köpp
Lektorat: Michael Kokoscha / Johanna Schwarz / Regine Gerst
Coverfoto: Wolfgang »Bubi« Heilemann / rockfoto.de
Titelrückseite: imago images / Cinema Publishers Collection
Posterbild und -signatur der Luxusausgabe:
Wolfgang »Bubi« Heilemann / rockfoto.de
Layout: Betty Clarke (für Palazzo Editions)
Design und Layout Copyright: Palazzo Editions Ltd
Einbandgestaltung: Jörg Weusthoff, Weusthoff & Reiche Design, Hamburg
Satz: Michael Kokoscha, KOKOSCHA data_design, Oberhausen
Printed in China 2022

Ein herzliches Dankeschön an den ABBA Intermezzo Fanclub / Regina Grafunder (www.abba-intermezzo.de)

Delius Klasing Verlag, Siekerwall 21, D - 33602 Bielefeld
Tel.: 0521/559-0, Fax: 0521/559-115
E-Mail: info@delius-klasing.de
www.delius-klasing.de

EINE VERRÜCKTE GESCHICHTE

»Mit der Realität ist das so eine Sache, sie ist manchmal merkwürdiger als die Fiktion. Im Nachhinein ist es schwer nachzuvollziehen, was für eine verdammt verrückte Geschichte die ABBA-Story gewesen ist. Sie ist geschehen, aber wenn man über unsere Geschichte einen Roman schreiben würde, hielte den niemand für realistisch.«

Vier Jahrzehnte nach den ersten Aufnahmen von ABBA nennt Björn Ulvaeus die Dinge beim Namen. Heute nehmen wir den beträchtlichen Einfluss Schwedens auf die Popmusikszene meist als selbstverständlich hin. In den USA rangiert Max Martin – der schwedische Songschreiber und Produzent hinter den Megahits von Britney Spears, Katy Perry und Taylor Swift bis hin zu Justin Timberlake und The Weeknd – in Bezug auf die Anzahl seiner Hits in den Charts nur hinter John Lennon und Paul McCartney. Im 21. Jahrhundert stehen schwedische Songwriter und Produzenten in der internationalen Musikszene hoch im Kurs, und obwohl die USA und Großbritannien nach wie vor die Popmusikszene anführen, rangiert Schweden schon seit mehr als zwei Jahrzehnten auf Platz 3 dieser Liste.

Doch als Agnetha Fältskog, Björn Ulvaeus, Benny Andersson und Anni-Frid »Frida« Lyngstad 1972 zum ersten Mal einen englischsprachigen Popsong aufnehmen, gibt es nur wenig Grund zur Annahme, dass sie im Ausland große Hits landen könnten. Nur gelegentlich gelangt Musik, die außerhalb englischsprachiger Länder geschrieben und aufgenommen worden ist, auf die wichtigen Märkte in den USA und Großbritannien. Aus den Niederlanden kommt die Band Shocking Blue, die 1969 mit *Venus* einen großen Hit landet, während Mouth & MacNeal 1972 mit dem eingängigen *How Do You Do* einen Top-10-Hit in den USA erzielen.

Die Musiker der schwedischen Gitarren-Instrumentalband The Spotnicks landen in ihren Raumanzug-Outfits Anfang der 60er-Jahre vier Top-40-Hits und ein Top-20-Album in Großbritannien. Kurz darauf verdrängen die Beatles ihre Art von Musik, doch die Band erfreut sich in Ländern wie Frankreich und Japan weiterhin großer Beliebtheit. Auf den unteren Rängen der US-Charts landen nun weitere schwedische Künstler gelegentlich einzelne Hits. Insgesamt ist das Interesse an Popmusik aus Europa, insbesondere aus Schweden, jedoch nicht übermäßig groß.

Welche Chance auf internationalen Erfolg hat also eine Band, die anfangs den unpraktischen Zungenbrecher Björn & Benny, Agnetha & Anni-Frid als Namen trägt? Warum sollte sich jemand außerhalb Skandinaviens überhaupt die Zeit nehmen, sich ihre Platten anzuhören, ganz gleich, wie eingängig sie auch sein mögen? Schließlich gibt es bereits eine Fülle ähnlicher charttauglicher Musik, vor allem in Ländern wie den USA und Großbritannien, die von Künstlern aus diesen Ländern produziert wird und nicht in irgendeinem entlegenen Land im nördlichsten Teil Europas. Aber, wie Björn treffend bemerkt hat, »es ist passiert«, und die ABBA-Story ist eine der großen Geschichten der Popmusik. Die

◀ ABBA im Jahr 1972: Björn Ulvaeus, Benny Andersson, Anni-Frid »Frida« Lyngstad und Agnetha Fältskog (jeweils von links).

Gruppe ABBA und ihre musikalischen Nebenprojekte, vor allem das Musical *Mamma Mia!* und die Filme, haben die Musik der Band inzwischen wohl bekannter gemacht, als sie es auf dem Höhepunkt ihrer Popularität in den 70er-Jahren gewesen ist.

Allein die Zusammensetzung von ABBA ist schon ungewöhnlich gewesen. Eine naive, blonde Tanzkapellensängerin mit mehreren großen Hits in Schweden, die keine Anzeichen zeigt, dass sie für eine internationale Karriere bereit ist. Eine in Norwegen geborene brünette Sängerin, in einer schwedischen Kleinstadt aufgewachsen, die ein Jahrzehnt lang Sängerin einer Tanzband war, die trotz mehrerer Gelegenheiten nie die Herzen eines größeren Publikums zu gewinnen schien. Und zwei ehemalige Popstars, in den 60er-Jahren enorm erfolgreich, die aber nun eine Zukunft als Autoren- und Produzententeam hinter den Kulissen anstreben. Fügt man die Tatsache hinzu, dass die beiden Sängerinnen eine romantische Beziehung zu je einer Hälfte des Autoren- und Produzententeams eingehen, erhält man den Stoff für einen dieser billigen Liebesromane, den niemand realistisch finden würde, der aber eine Leserschaft bedient, die sich mit unrealistischen Märchen vom Alltag ablenken will. Jetzt fehlen nur noch Judy Garland und Mickey Rooney und der Ausruf »Hey, let's put on a show!«. Doch auch dieser Teil der ABBA-Story ist zu 100 Prozent echt.

Trotz des scheinbar gewaltigen Widerstands einer internationalen Musikindustrie, die nicht sonderlich neugierig auf das ist, was schwedische Autoren und Interpreten zu bieten haben, schafft es die Gruppe ABBA ins Rampenlicht. Motiviert durch ihren Sieg beim Eurovision Song Contest im Jahre 1974 mit *Waterloo* wollen die vier nach ihrem Durchbruch den Erfolg nicht wieder kampflos aus der Hand geben. Dabei verdanken sie viel ihrem Manager Stig Anderson, der eine einzigartige Kombination aus scharfsinnigem, rationalem und ehrgeizigem Selfmademan und jähzornigem Workaholic ist. Er erkennt ihr Potenzial – noch vor ihnen selbst – und glaubt an ihre Chance, weltweit erfolgreich zu werden. Als ABBA den Durchbruch schafft, verfügt er bereits über 20 Jahre Erfahrung im Musikgeschäft. Sein Einfallsreichtum, wie man die Grenzen Schwedens überwinden kann, seine Einstellung zu scheinbaren Rückschlägen, die er als notwendig betrachtet, und seine Überzeugung, nichts dem Zufall zu überlassen, selbst wenn dies endlose weltweite Flugreisen für persönliche Treffen bedeutet, sind entscheidende Trümpfe, mit denen das vermeintlich Unmögliche erreicht wird.

◀ Die vier ABBA-Mitglieder posen für die Kameras, Sommer 1977.

▶▲ ABBA-Manager Stig »Stikkan« Anderson.

Dass die Musik, die er in der Welt verbreiten will, so ansprechend ist, erleichtert Stig natürlich sein Vorhaben. Bei den frühen Aufnahmen von ABBA handelt es sich eher um leichte Popmusik. Die Titel sind gut produziert und gespielt, bieten aber den Musikkritikern nicht viel Angriffsfläche. Das erste ABBA-Album »Ring Ring« aus dem Jahr 1973 ist ehrgeizig und nutzt ambitioniert die Möglichkeiten des Aufnahmestudios. Das gilt insbesondere für das Titelstück. Die musikalische Entwicklung von der fröhlichen Debütsingle *People Need Love* bis zu herzzerreißenden Meisterwerken wie *The Winner Takes It All* gegen Ende der Karriere von ABBA ist ebenso erstaunlich wie die der Beatles, die sich innerhalb weniger Jahre von *Love Me Do* zu *Strawberry Fields Forever* weiterentwickeln. Die visuelle Anziehungskraft und das stimmliche Können der beiden Leadsängerinnen Agnetha und Frida tragen zu diesem Erfolg bei. Um Agnetha hier zu zitieren: »Wir sangen, was das Zeug hielt.« Ihre mehrstimmigen Harmonien stellen den wichtigsten Bestandteil des berühmten ABBA-Sounds dar.

Das Schicksal will es, dass die musikalische Entwicklung der Band mit dem Privatleben ihrer Mitglieder eng verknüpft ist. Als beide Ehen scheitern, beeinflusst diese

Erfahrung das musikalische Schaffen der Gruppe. Unfreiwillig bietet ABBA der Welt nicht nur Popmusik auf allerhöchstem Niveau, sondern auch mehrere Psychodramen. Das Publikum kann seine eigenen Erfahrungen, Träume und Ängste darauf projizieren, während es das Leben der vier Bandmitglieder auf der Weltbühne verfolgt.

Nachdem die Gruppe ABBA weltweit populär geworden ist, werden die Texte, die hauptsächlich Björn schreibt, tiefsinniger. Wo zunächst »nur ein paar Worte zum Vertonen« benötigt werden, finden sich jetzt realistische Betrachtungen über die Höhen und Tiefen im Leben der Menschen wieder. Es wundert nicht, dass ABBA so viele Menschen, ob jung oder alt, auf der ganzen Welt anspricht. Die Musik mag zwar hell und einladend sein, aber sobald man genauer hinschaut, konfrontiert sie uns mit Geschichten und Gesangsdarbietungen, die erwachsene Männer und Frauen zu Tränen rühren können. In dieser Zeit besitzt die Band eine ziemlich verrückte Fangemeinde in Australien. Eins der Bandmitglieder macht dort allerdings eine Erfahrung, die es viele Jahre von einem erneuten Besuch abhält.

Die Band erobert nun trotz skeptischer Kritiker ein Land nach dem anderen. Wegen der Kommerzialität ihrer Musik sieht sich die Gruppe allerdings auch massiver Kritik ausgesetzt. ABBA kämpft um ein Gleichgewicht zwischen dem Bedürfnis nach Privatleben und den Anforderungen, die eine internationale Karriere an die Mitglieder der Gruppe stellt. Außerdem verstricken sich die vier in komplexen Steuertricks, die sie schließlich Millionen von Kronen kosten.

Diese schwedische Band mit ihrem einzigartigen Mix aus Pop und Rock mit britischem und US-amerikanischem Einfluss, schwedischem Folk, italienischer Ballade, deutschem Schlager und französischem Chanson ist kein typischer Kandidat für den Weltruhm. Doch

gerade das Untypische, die Verarbeitung aller Einflüsse ohne Rücksicht, ob sie als cool gelten, immer darauf bedacht, dass die Musik in der eigenen Seele einen emotionalen Ton anschlägt, macht die vier ABBA-Mitglieder so erfolgreich.

Und jetzt, 50 Jahre nach ihren ersten gemeinsamen Aufnahmen, und weil die Realität manchmal seltsamer ist als die Fiktion, wollen wir diese verrückte Geschichte feiern. Denn Björn hat absolut Recht: Es ist wirklich geschehen!

»Wir sangen, was das Zeug hielt.«

Agnetha

◀▼ ABBA live auf der Bühne der Wembley Arena, London, 1979.

▼ ABBA bei den Aufnahmen eines TV-Specials in Polen, Oktober 1976 (unten).

DIE ZEIT VOR ABBA

DIE ZEIT VOR ABBA

Sonntag, der 5. Juni 1966, ist ein besonders sonniger Nachmittag auf dem Ålleberg, der etwa zehn Kilometer von der schwedischen Kleinstadt Falköping entfernt liegt. Die Gruppe Hep Stars, die damals größte schwedische Popband, hat gerade ihren Auftritt auf dem Gipfel des Bergs beendet. Das flache Plateau eignet sich für alle möglichen Festivitäten. Die Band, zu der auch der 19-jährige Keyboarder Benny Andersson gehört, absolviert die sogenannte *Folkpark*-Tour. Die meisten beliebten schwedischen Künstler touren in den Sommermonaten durch diese Open-Air-Locations. Da die Auftritte oft nicht länger als 30 Minuten dauern, können einige Künstler bis zu drei Auftritte pro Tag absolvieren.

Die Hep Stars fahren gerade in einer Flotte amerikanischer Autos die schmale Schotterstraße vom Hügel hinunter, als ein anderer Tross, der den Hügel hinauffährt, sie dazu zwingt abzubremsen, damit sie aneinander vorbeifahren können. In einem weniger glamourösen Volvo sitzen zusammengepfercht die Mitglieder der Hootenanny Singers, zu denen auch der 21-jährige Björn Ulvaeus gehört. Ihr Repertoire besteht hauptsächlich aus schwedischem Folk und leichten Popsongs. Ihre

◀◀◀ Eins der ersten Werbefotos der Band, die später ABBA werden sollte, mit Werbung für ihre Show *Festfolk*, 1970 (Seite 12).

◀◀ Agnetha Fältskog zu Beginn ihrer Solokarriere um 1968.

◀ The Hep Stars: Benny Andersson, Janne Frisk, Svenne Hedlund, Lennart Hegland, Christer Petterson (von links).

»Es war nicht wirklich gut, aber es war zumindest ein erster Versuch zusammenzuarbeiten.«

Benny

▼ Björn Ulvaeus mit seinen Eltern Gunnar und Aina Ulvaeus, 1971.

▶▼ Wo alles begann: Benny Andersson (links) und Björn Ulvaeus – nur wenige Stunden, bevor sie im Juni 1966 ihren ersten Song schreiben.

Haare sind nicht ganz so lang wie die der Hep Stars, die damals nur englischen Pop und Rock 'n' Roll spielen. Die Hootenanny Singers sind auf dem Weg zu einem 30-minütigen Auftritt auf dem Hügel, und die Band ist live fast so beliebt wie die Hep Stars.

Als sie langsamer werden, müssen beide Bands feststellen, dass sie auf ihre Konkurrenz gestoßen sind. Die Fensterscheiben werden heruntergedreht, und man begrüßt sich. Für diesen Abend haben die Hootenanny Singers eine Abschiedsparty für drei ihrer vier Bandmitglieder geplant, die am nächsten Tag ihren Militärdienst antreten müssen. Sie laden die Hep Stars ein, in das Hotel in Linköping zu kommen, um dort mit ihnen zu feiern. Die Hep Stars sagen gern zu.

Als sie am späten Abend auf der Party ankommen, ist diese bereits in vollem Gange. Die lauten Gäste werden bald aufgefordert, das Hotel zu verlassen. Sie landen in einem nahe gelegenen Park, wo sie Akustikgitarren spielen und Songs von den Beatles singen. An diesem Abend entsteht sofort eine enge Verbindung zwischen Björn und Benny. Damals sind The Hep Stars mit ihrer neuesten Hitsingle *Wedding*, die Benny und Svenne Hedlund, der Leadsänger der Hep Stars, zusammen geschrieben haben, auf Platz 1 der Charts. Der aufge-

regte Björn erzählt Benny, wie »verdammt eingängig« er *Wedding* findet. Zur gleichen Zeit sind die Hootenanny Singers mit einem von Björn geschriebenen Song in den Charts, dem Folkpopsong *No Time*, mit dem Björn die Band in Richtung der englischsprachigen Popmusik führen will. Benny muss also gewusst haben, dass er mit jemandem spricht, der auch Ambitionen als Songwriter hat. In ihrem beschwipsten Zustand fassen sie den Vorsatz, irgendwann einen Song zusammen zu schreiben.

Nur ein paar Wochen später treffen sich die beiden Bands auf einer weiteren Party, diesmal an der schwedischen Ostküste in einer Hütte außerhalb von Västervik, der Heimatstadt der Hootenanny Singers. Mitten in der Nacht beschließen Björn und Benny, dass sie jetzt ihren ersten Song gemeinsam schreiben wollen. Sie fahren zu dem Mehrfamilienhaus, in dem Björns Familie wohnt, und stellen dort ihre Ausrüstung – eine elektrische Orgel und einen Verstärker – im Keller auf. Der Lärm weckt allerdings Björns Vater Gunnar, der sofort herbeieilt und sie mit den Worten »Ihr werdet das ganze Haus aufwecken!« zwingt, sofort aufzuhören. Gunnar ist zwar verärgert, aber er hat dennoch eine Lösung für die beiden jungen Männer parat. Papa Ulvaeus arbeitet in der örtlichen Papierfabrik und gibt Björn die Schlüssel zum Büro. Mitten in der Nacht ist niemand dort, und dort können sie nach Herzenslust musizieren, ohne jemanden zu stören.

Sie fahren sofort los, und mithilfe von ein paar Roadies schleppen sie ihre Ausrüstung die enge Treppe zum Büro hinauf. Björn erzählt: »Ich erinnere mich noch sehr gut daran, wie Benny und ich die Treppe hinaufkamen. Zuerst konnten wir den Lichtschalter nicht finden, also mussten wir im Dunkeln den Weg suchen.« Als die Ausrüstung aufgebaut ist, beginnen sie mit der Arbeit an der ersten Andersson-Ulvaeus-Komposition. *Isn't It Easy to Say* ist ein angenehmer, wenn auch etwas verzagter Pop-Walzer, der später im selben Jahr von The Hep Stars aufgenommen wird. Man kann nahezu hören, wie die beiden Songwriter nach einem Weg der Zusammenarbeit suchen. Benny gibt später zu, dass der Song »nicht wirklich gut war, aber es war zumindest ein erster Versuch zusammenzuarbeiten.«

Das Schreiben dieses ziemlich unscheinbaren Songs in einer Papierfabrik in einer kleinen schwedischen Stadt ist der Beginn der ABBA-Story. Die vier Bandmitglieder von ABBA haben neben ihrem Talent, großartige Popmusik zu machen, etwas gemeinsam: Sie alle haben schon in jungen Jahren mit dem Singen und Musizieren

begonnen. Außerdem sind alle schon in ihrer Teenagerzeit Musikprofis. Daher haben sie alle vor der Zeit bei ABBA bereits eine Karriere mit unterschiedlichem Erfolg hinter sich und sind trotzdem noch relativ jung, als die Gruppe in den 70er-Jahren den Durchbruch schafft.

Das älteste Bandmitglied Björn Ulvaeus wird am 25. April 1945 in Göteborg an der schwedischen Westküste geboren. Die Familie zieht nach Västervik, als Björn etwa sechs Jahre alt ist. Sein Vater bekommt dort eine Anstellung in der Papiermühle seines Bruders. Björns Mutter Aina ist fast während seiner gesamten Jugend Hausfrau. 1948 wird die Tochter Eva geboren. Björns Gefühle in Bezug auf seine Kindheit sind gemischt. Einerseits wächst er in einer recht idyllischen Kleinstadt auf und kommt in den Mittagspausen von der Schule zum Essen nach Hause, andererseits führen seine Eltern keine glückliche Ehe, und sein Vater ist vielleicht etwas zu trinkfreudig. Später räumt er ein, dass Gunnar ihn in seiner Jugend mehrmals im Stich gelassen habe, was in Björn eine Unsicherheit ausgelöst hat, die ihn auch in seinem späteren Leben begleitet.

1957 tritt die Musik in das Leben des damals Zwölfjährigen und bietet ihm fortan Trost und Halt. Sein Cousin Joen ist sehr musikalisch und hat die Joen's Skiffle Group gegründet. Skiffle ist eine recht einfache Variante der amerikanischen Popmusik mit Einflüssen aus dem Blues und Jazz. Dieser Musikstil wird Mitte der 50er-Jahre durch Künstler wie Lonnie Donegan in Großbritannien bekannt. Waschbretter und Teekisten-Bässe bilden oft die Rhythmusgruppe. Björn ist von der Aussicht, in der Band zu spielen, begeistert und fleht seine Eltern an, ihm eine Gitarre zu kaufen. Sie erfüllen seinen Wunsch, und er schließt sich der Band seines Cousins an. Nun ist die Musik der Mittelpunkt in Björns Leben.

Die Band mutiert schließlich zu einer Dixieland-Band und ist Anfang der 60er-Jahre schon wieder dabei, sich aufzulösen. Der Bassist der Band ist Björns Freund Tonny Roth, der nun ein Angebot hat, sich der Folkband The Partners anzuschließen. Diese Band wird von Hansi Schwarz geleitet, einem Liebhaber amerikanischer Folkmusik, der besonders von der Musik des Kingston Trios (*Tom Dooley*) begeistert ist. Tonny will der Gruppe nur

◀ Björn Ulvaeus mit The Hootenanny Singers in einer TV-Show in Hamburg, 1966.

▶ Stig Anderson (vorn in der Mitte) mit einigen der Künstler, die er vertreten hat (von links): Björn Ulvaeus, Benny Andersson, Hansi Schwarz, Ted Gärdestad, Tonny Roth (hinten) sowie Agnetha Fältskog und Frida Lyngstad (vorn).

beitreten, wenn sein Freund Björn auch mit von der Partie ist. Björn erinnert sich: »Ich glaube nicht, dass Hansi sehr froh darüber war, weil sie schon drei Gitarristen hatten, und es sah nicht so aus, als würden sie wirklich einen vierten brauchen.« Hansi muss jedoch Tonnys Bedingung akzeptieren, also ist Björn mit dabei.

Schließlich stellt sich jedoch heraus, dass es noch eine andere schwedische Band namens The Partners gibt. Die Musiker ändern ihren Namen in The West Bay Singers (»West Bay« ist eine wörtliche Übersetzung von Västervik). Björn entpuppt sich bald als das größte Talent der Band, was das Arrangieren von Gesangsharmonien angeht, und räumt damit bei Hansi die letzten Zweifel aus. 1963 verliert die Band, deren Mitglieder alle noch in der High School sind, einen ihrer Gitarristen und schrumpft zum Quartett. Im September desselben Jahres beschließen die Musiker, an einem Talentwettbewerb teilzunehmen, der von Sveriges Radio veranstaltet wird.

Schon bei den Vorentscheidungen wird die Band von einer großen schwedischen Zeitung, die über den Wettbewerb berichtet, als besonders talentiert hervorgehoben. Der Artikel weckt das Interesse zweier Männer, die kurz zuvor in Stockholm die Plattenfirma Polar Music gegründet haben. Bengt Bernhag und Stig Anderson sind beide seit etwa einem Jahrzehnt in der Musikbranche tätig – Bernhag als Plattenproduzent, Anderson vor allem als Songwriter und Musikverleger. Sie suchen nach Talenten, die sie für ihr neues Label unter Vertrag nehmen können. So kontaktieren sie die West Bay Singers und bitten um die Zusendung eines Demotapes. Die Reaktion fällt sehr wohlwollend aus. Stig Anderson nimmt die Reise nach Västervik auf sich, um sich die Dienste dieser vielversprechenden Band zu sichern.

Stig wird am 25. Januar 1931 geboren, und wie die Bandmitglieder von ABBA beschäftigt auch er sich früh mit der Musik. Er schreibt seinen ersten Hit im Alter von 16 Jahren. Allerdings wird dieser erst ein paar Jahre später veröffentlicht. In den 50er-Jahren probiert er alles Mögliche aus: Er tritt in *Folkparks* auf, schreibt Songs, die entweder von ihm selbst oder anderen Künstlern aufgenommen werden, und arbeitet als Lehrer in einem Stockholmer Vorort, um über die Runden zu kommen.

Manche seiner Songs werden Hits, andere wiederum Flops, aber 1960 hat er seinen bisher größten Erfolg mit dem *Är du kär i mej ännu, Klas-Göran?* (Bist du noch in mich verliebt, Klas-Göran?), gesungen von der äußerst beliebten Sängerin Lill-Babs. Der finanzielle Erfolg dieses Nr.-1-Hits veranlasst ihn, seinen eigenen Musikverlag zu gründen und den Beruf als Lehrer aufzugeben.

Nach ein paar sehr mageren Jahren, in denen Stig und seine Familie sich immer wieder fragen müssen, ob sie sich etwas zu essen leisten können, fängt er mit großem Erfolg an, die Rechte an ausländischen Hits zu erwerben und dann schwedische Texte für sie zu schreiben. Sein erster großer Hit in diesem Segment ist *Sånt är livet* (*That's Life*), eine Version von Roy Hamiltons *You Can Have Her*. Aufgenommen von der Sängerin Anita Lindblom, hält sich der Song 1962 fünf Wochen lang auf Platz 1. Im Lauf des Jahrzehnts wird Stig zum produktivsten Texter Schwedens. Er schreibt nachts Texte und kümmert sich tagsüber um das Geschäftliche, reist in der Welt umher und arbeitet nahezu 365 Tage im Jahr. In der Zwischenzeit trägt hauptsächlich Bengt Bernhag die Verantwortung für Polar Music und ihre Künstler.

1963 überzeugt Stig die West Bay Singers davon, dass Polar Music die richtige Plattenfirma für sie ist. Er und Bengt sind jedoch der Meinung, dass die Band ihren Namen ändern muss. In der Welt der amerikanischen Folkmusik der frühen 60er-Jahre gilt eine *Hootenanny* als eine Veranstaltung, die das Publikum zum Mitmachen einlädt und bei der bekannte und unbekannte Sängerinnen und Sänger auftreten. Zum Entsetzen der Band beschließen Stig und Bengt, dass ihre neue Entdeckung The Hootenanny Singers heißen soll. Einige Jahre später meint Björn: »Das war der schlimmste Name, den eine Band jemals hatte.«

Es dauert nicht lang, und die Band sitzt mit neuem Namen in einem Stockholmer Studio und nimmt ihre erste Single und EP für Polar Music auf. Das schwedische Volkslied *Jag väntar vid min mila* (Ich warte am Meiler) wird in der Art des Kingston-Trios arrangiert und sofort ein Hit. Unmittelbar nach dem Abitur im Juni 1964, Björn ist erst 19 Jahre alt, absolviert die Band die *Folkpark*-Tour und landet in den nächsten Jahren eine Reihe von Hits.

Benny Andersson ist der einzige echte Stockholmer bei ABBA, geboren am 16. Dezember 1946. Sein Vater ist ein Bauingenieur namens Gösta, seine Mutter Laila ist Hausfrau. Benny hat auch eine jüngere Schwester, Eva-Lis, die 1948 geboren wird. In den ersten Jahren zieht die Familie ein paar Mal um, bevor sie sich 1955 in dem neu gebauten Vorort Vällingby westlich von Stockholm niederlässt. Gösta arbeitet zwar im Baugewerbe, liebt es aber auch wie Bennys Großvater Efraim, Akkordeon zu spielen.

Zwangsläufig bekommt Benny zu seinem sechsten Geburtstag ein Akkordeon geschenkt und spielt mit seinem Vater und seinem Großvater zusammen. Das Meiste bringt ihm sein Großvater bei. Benny erinnert sich: »Jeder sollte jemanden haben, der die Geduld hat, mit einem zu musizieren, auch wenn man [das Instrument] eigentlich nicht spielen kann, und derjenige sollte einem nicht sagen, dass man nicht spielen kann. Mein Großvater war so.« Gemeinsam treten die drei Andersson-Generationen gelegentlich bei Tanzveranstaltungen auf und nennen sich in Anspielung auf ihr jüngstes Mitglied liebevoll Benny's Trio.

Großvater Efraim ist auch maßgeblich an der Beschaffung eines Klaviers für Benny beteiligt. Als Efraim und seine Frau 1957 ihr Haus verkaufen und in eine Wohnung umziehen, erhalten ihre Enkelkinder etwas Geld. Bennys Eltern kaufen von dem Geld ihrem zehnjährigen Sohn ein Klavier. Benny behauptet, dass seit diesem Moment kein einziger Tag vergangen sei, an dem er nicht Klavier gespielt habe. Er ist einer jener seltenen Menschen, für die Musik ein wesentlicher Bestandteil ihres gesamten Wesens ist. Wenn er irgendwo ein Tasteninstrument sieht, kann er nicht widerstehen und muss darauf spielen.

Als Teenager spielt Benny mit zahlreichen Bands vor Ort. In einer dieser Bands singt seine Freundin Christina. In Bennys Beziehung mit Christina führt eins zum anderen, und als er erst 16 Jahre alt ist, wird im August 1963 ihr Sohn Peter geboren. Zwei Jahre später folgt die Tochter Heléne. Da beide Eltern so jung sind, sind sie nicht im traditionellen Sinn eine Familie. 1966 ist die Beziehung beendet, und die Kinder werden größtenteils von ihrer Mutter großgezogen.

Im Herbst 1964 verlieren The Hep Stars, damals eine aufstrebende Rock-'n'-Roll-Band aus Stockholm, ihren Keyboarder. Sie sind von Bennys Künsten an den Tasten beeindruckt und fragen ihn, ob er sich ihnen anschließen wolle. Der 17-jährige Schüler sagt sofort zu und bricht daraufhin die Schule ab.

Im Frühjahr 1965 erhalten The Hep Stars die Möglichkeit, in der wichtigsten Popmusiksendung im schwedischen Fernsehen aufzutreten. Mit ihrer neuen Single *Cadillac* – einer überarbeiteten Version von Vince Taylors frühem britischen Rockklassiker *Brand New*

◀▲ Die Hep Stars in der Stockholmer Gustaf-Vasa-Kirche bei einem Fototermin für eine Weihnachtssingle, 1967.

▶ Benny, 1969.

Cadillac – und einer wilden Bühnenshow hinterlassen The Hep Stars einen unvergesslichen Eindruck auf das junge Publikum vor den Fernsehern. Schon bald hat die Band drei Singles gleichzeitig in den Charts. In Rekordzeit wird sie zur größten schwedischen Popband. Die Mitglieder sind ständig auf Tournee und absolvieren mehrere Hundert Auftritte pro Jahr.

Ursprünglich sind The Hep Stars auf Coverversionen von Künstlern wie The Kinks, The Rolling Stones und Elvis Presley angewiesen. Aber der Erfolg von Lennon und McCartney mit ihren eigenen Songs, die sie für die Beatles geschrieben haben, hat ein neues Klima geschaffen. Viele Konkurrenten von The Hep Stars schreiben in der Tat ihre eigenen Songs, und das Ganze wird langsam ein bisschen peinlich. »Keins der fünf Mitglieder ist ein talentierter Komponist, und deshalb haben sie auch keine eigenen Songs in ihrer Show – selbstgemachte Melodien sind ansonsten ein Standard für die meisten Popbands heutzutage«, schreibt eine Zeitung. Die Situation ändert sich im Sommer 1965, als Benny einen Versuch zu komponieren startet. Das Ergebnis ist der Song *No Response.* Mit Ausnahme einiger weniger, mittlerweile lang vergessener Instrumentalstücke ist er Bennys erste Komposition. *No Response* erscheint im Herbst 1965 als Single und schießt auf Platz 2. Der Titel ist kein besonders großartiges Musikstück, sodass ein Großteil des Erfolgs auf die enorme Popularität der Hep Stars zurückzuführen sein dürfte. Gleichwohl ist Bennys Selbstvertrauen hierdurch gestärkt worden. Jetzt kann er sich Songwriter nennen.

Während die The Hep Stars in Norwegen im Februar 1966 auf Tournee sind, setzt er sich wieder ans Klavier. Dieses Mal ist das Ergebnis beeindruckender. Die zarte, vom Spinett getragene Ballade *Sunny Girl* beweist echtes Talent für Melodien. Als die Single im Frühjahr veröffentlicht wird, bleibt sie fünf Wochen hintereinander auf Platz 1 der Verkaufscharts. Damals gibt es in Schweden Radiocharts, die auf Abstimmungen basieren und in dem Programm *Tio i topp* (Die Top Ten) präsentiert werden. Diese Hitparade, die am Samstagnachmittag Millionen von Zuhörern anlockt, ist sogar noch wichtiger als die Verkaufscharts, da sich die Künstler lukrative *Folkpark*- und Fernsehauftritte sichern können.

Als Benny die aufregende Nachricht erreicht, dass *Sunny Girl* bei *Tio i topp* auf Platz 1 gelandet ist, bereitet sich der 19-Jährige gerade mit den Hep Stars in einem Lokal in Kungsbacka auf einen Auftritt vor. Er erinnert sich: »Jeder war verdammt happy, aber ich war richtig glücklich. Ich erinnere mich, dass ich in den Umkleideraum ging, um eine Weile allein zu sein. Vielleicht habe ich sogar ein oder zwei Tränen vergossen. Denn da wusste ich, dass ich einen guten Song gemacht hat-

te, und ich konnte nachvollziehen, warum er gut war – weil er meine Gefühle erfasst hatte. Dann dachte ich: ›Wenn ich einen solchen Song machen kann, sollte ich in der Lage sein, zwei zu machen – und wenn ich zwei machen kann, kann ich wahrscheinlich drei machen‹, und so weiter. Dort in Kungsbacka habe ich zum ersten Mal entschieden, was ich mit meinem Leben anfangen wollte, und dieses Gefühl hat mich ziemlich ergriffen. Ich dachte: ›Jetzt muss ich mich nicht mehr fragen, ob ich Taxifahrer oder Bauingenieur werde, oder was auch immer ich nach den Hep Stars machen werde. Das ist es, was ich von nun an tun werde‹«.

Der von Benny gemeinsam mit Svenne Hedlund geschriebene Song *Wedding* ist der Nachfolger von *Sunny Girl*. Er erreicht ebenfalls Platz 1 der Charts und beeindruckt Björn Ulvaeus. Seit 1965 versucht Björn selbst

»Denn da wusste ich, dass ich einen guten Song gemacht hatte, und ich konnte nachvollziehen, warum er gut war – weil er meine Gefühle erfasst hatte.«

Benny

◀▼ Benny (am Keyboard) mit The Hep Stars.

▼ Björn und Benny (hinten) mit den Leadsängern von The Hep Stars Svenne und Lotta (vorn). Das Quartett ging 1969/1970 mit einer Kabarett-Show auf Tournee.

▲ Benny und Frida lernen sich kennen, 1969.

Benny erinnert sich daran, dass er vier Jahre lang nur ein »Taschengeld« erhalten hat, um die Steuerschulden endlich loszuwerden.

Zu den finanziellen Problemen kommen nun auch musikalische Differenzen hinzu, die für Reibereien innerhalb der Band sorgen. Im Jahr 1969 feiert die Gruppe Erfolge auf Kleinkunstbühnen, kleidet sich in einheitliche Bühnenkostüme und hat Hits mit leichten Popsongs in schwedischer Sprache. Das ist weit entfernt vom Rock'n' Roll ihrer frühen Karriere, und einige der Mitglieder sind mit dieser Entwicklung nicht einverstanden. Benny, Svenne und seine Frau, die amerikanische Sängerin Charlotte »Lotta« Walker, die seit 1968 Bandmitglied ist, sind sich einig, dass sie mit der Kleinkunstbühne weitermachen wollen. Die anderen Bandmitglieder sehen das anders. Die Trennung ist unvermeidbar. Nach der Sommertour von 1969 verlassen Benny, Svenne und Charlotte die Band. Die übrigen Mitglieder machen als The Hep Stars weiter.

Songwriter zu werden. Seine ersten Songs *Time to Move Along* und *No Time* sind auf dem vierten Album der Hootenanny Singers (»International«) zu finden, das gegen Ende 1965 veröffentlicht wird. Als Benny und Björn sich zum ersten Mal treffen, stellen sie fest, dass beide in ihren Bands dieselbe Rolle übernommen haben. Sie sind so ziemlich die Einzigen, die am Songwriting interessiert sind, was sofort eine starke Verbindung zwischen ihnen schafft.

In den nächsten paar Jahren entstehen jedoch nicht viele Andersson-Ulvaeus-Songs, denn beide sind mit ihren Bands beschäftigt, die gelegentlich einen Hit landen und erfolgreich durch Schweden touren. Das Jahr 1967 stellt wahrscheinlich den Höhepunkt für The Hep Stars dar, die nun ihr Publikum erweitern, denn parallel zu ihren englischsprachigen Songs nehmen sie jetzt auch in schwedischer Sprache auf. Auf ihrer *Folkpark*-Tournee im Sommer des Jahres absolvieren sie in vier Monaten mehr als 200 Auftritte.

Doch nur wenige Monate später, im Dezember, wird den Hep Stars ihre leichtsinnige Einstellung zu ihren Finanzen zum Verhängnis. Ihr Versäumnis, ihre Einkünfte korrekt zu versteuern, beschert ihnen nun eine Steuerlast, die sie bis weit in die 70er-Jahre verfolgen wird.

Björn macht mit The Hootenanny Singers ähnliche Erfahrungen. 1969 verliert die Band ein Mitglied und macht als Trio weiter. Aber nach der Sommertour des Jahres halten sich die drei nur noch im Studio auf. Die anderen Mitglieder studieren bereits. Björn, der nach Stockholm gezogen ist, um dort ein Studium zu beginnen, bricht dieses ab, als sich herausstellt, dass die Anziehungskraft des Musikgeschäfts stärker ist als jede Aussicht auf einen normalen Job. Er beginnt eine Solokarriere und veröffentlicht ein paar Singles.

Zu dieser Zeit sind Björn und Benny bereits beste Freunde und möchten ihre Zusammenarbeit als Songwriter und Produzenten intensivieren. Nachdem sie mehrere Jahre lang als Teenie-Idole gelebt haben, freuen sie sich nun auf eine Karriere hinter den Kulissen. Vorerst wollen sie gemeinsam auf Tour gehen und als Duo Platten veröffentlichen, aber das Ziel ist, sich allmählich aus der Rolle des Bühnenkünstlers zu lösen.

Ein weiterer wichtiger Aspekt verändert das Leben der beiden im Frühjahr 1969. Benny geht im März desselben Jahres seine erste ernsthafte und langfristige Beziehung ein.

Anni-Frid Lyngstad hat einen weitaus dramatischeren Hintergrund als die übrigen späteren ABBA-Mitglieder. Sie wird am 15. November 1945 in der kleinen Stadt Ballangen im Norden Norwegens geboren. Ihre Eltern sind Alfred Haase, ein deutscher Soldat der Besatzungsmacht während des II. Weltkriegs, und Synni Lyngstad, ein norwegischer Teenager. Alfred verlässt Norwegen, lange bevor Anni-Frid geboren wird. Viele Jahre lang denkt die Familie Lyngstad, er sei auf dem Weg zurück nach Deutschland umgekommen. Aufgrund der schwierigen Situation für Frauen, die das unverzeihliche Vergehen begangen haben, eine Beziehung mit deutschen Soldaten einzugehen, ziehen Synni und ihre Mutter Anni 1947 zusammen mit Anni-Frid nach Schweden. Es ist nicht leicht, sich ein neues Leben aufzubauen, aber zumindest machen sie einen Neuanfang. Kaum haben sie sich jedoch in Schweden niedergelassen, ereignet sich eine Tragödie. Im September 1947 bricht Synni zusammen und wird mit einer Nierenerkrankung ins Krankenhaus eingeliefert. Eine Dialyse gibt es erst etwa 15 Jahre später in Schweden, und daher stirbt Synni am 28. September im Alter von nur 21 Jahren. Ihre Tochter Anni-Frid ist noch keine zwei Jahre alt.

▲ Anni-Frid Lyngstad, 1967.

Anni-Frid wächst bei ihrer Großmutter Anni auf, die selbst Witwe ist. Sie wohnen in der kleinen Stadt Torshälla, etwa 90 Kilometer westlich von Stockholm. Trotz ihrer finanziell angespannten Lage sorgt Anni dafür, dass es ihrer Enkelin an nichts fehlt. Aber der Altersunterschied und Annis etwas strenge Persönlichkeit führen dazu, dass die Bindung zwischen den beiden nicht sehr eng ist. Anni-Frid sehnt sich nach einer Liebe, die ihre Großmutter ihr nicht geben kann.

Zum Glück bietet die Musik ihr einen Ausweg. Später erzählt Anni-Frid, dass sie eigentlich nie mit dem Singen begonnen habe, denn sie habe schon immer gesungen. In der Schule ist sie ehrgeizig und wohlerzogen, und schon im Alter von sieben Jahren weiß Anni-Frid, dass sie Sängerin werden will. Sie erinnert sich: »Ich habe nie darüber auch nur nachgedacht, etwas anderes zu tun«. Eine Zeit lang nimmt sie Klavierstunden, aber ihr Fokus liegt auf dem Singen.

Sie ist erst 13 Jahre alt, als sie bei einer örtlichen Tanzveranstaltung den Mut aufbringt, die Band zu fragen, ob sie ein paar Lieder singen darf. Die Band willigt ein und bald wird sie gebeten, dauerhaft als Sängerin einzusteigen. Zu dieser Zeit wird sie von den meisten ihrer Freunde und Familienmitglieder und schließlich auch von ihrem Publikum Frida genannt. In den folgenden zehn Jahren singt sie in einer Reihe lokaler Tanzbands. Frida ist ehrgeizig. Sie hat sich der Musik verschrieben und will, dass die Bands, in denen sie singt, so oft wie möglich proben.

In einer der Bands lernt sie den jungen Ragnar Fredriksson kennen, der bald ihr Freund wird. Genau wie Benny bekommt Frida schon als Teenager ein Kind. Ihr Sohn Hans wird im Januar 1963 geboren. Frida und Ragnar heiraten im April 1964. Die Braut ist zu dem Zeitpunkt erst 18 Jahre alt. Schließlich ziehen die beiden in die nahe gelegene Stadt Eskilstuna, und 1967 wird ihre Tochter Ann Lise-Lotte geboren.

Oberflächlich betrachtet führen sie ein idyllisches Leben im wohlhabenden Schweden, aber Frida hat Mühe, ihr Leben als Hausfrau und Mutter mit ihren Ambitionen als Sängerin in Einklang zu bringen. Im Lauf der Jahre nimmt sie an einer Reihe von Talentwettbewerben teil, ohne dass ihre gelegentlichen Siege jemals zu etwas führen. Frida wird unruhig und fragt sich, ob ihr Schicksal wirklich darin besteht, als Hausfrau und Sängerin einer Tanzkapelle in Eskilstuna zu bleiben. Obwohl sie nicht

sehr selbstbewusst ist, spürt sie tief in ihrem Inneren, dass sie das Talent und die Fähigkeit hat, mehr aus ihrem Leben zu machen. 1967 nimmt Frida an einem weiteren Talentwettbewerb teil. Dieses Mal schafft sie es am 3. September in Stockholm bis ins Finale. Sie begeistert das Publikum mit dem sanften Bossa Nova *En ledig dag* (ein freier Tag) und beeindruckt auch die Jury so sehr, dass sie den Wettbewerb gewinnt. Hier ist die Geschichte aber noch nicht zu Ende. Nach der Preisvergabe will Frida nach Hause nach Eskilstuna fahren. Sie weiß nicht, dass es eine geheime Vereinbarung mit den Produzenten einer großen Talkshow gibt. Die Gewinnerin des Wettbewerbs soll nämlich an diesem Abend live im Fernsehen auftreten.

So wird Frida zu den Fernsehstudios gefahren und gebeten, ihren Siegersong dort vorzutragen. Die Studioband hat jedoch nur wenige Minuten Zeit, die Noten zu studieren und ein Arrangement für den Song zu erstellen. Doch alles verläuft reibungslos, und die 21-jährige Frida beeindruckt Millionen von Zuschauern. Anschließend berichtet die ziemlich aufgewühlte junge Sängerin einem Reporter: »Es war wie ein Traum.«

Auch die schwedische Musikindustrie spitzt die Ohren. Nur eine Woche später unterschreibt Frida einen Plattenvertrag und nimmt den Song, den sie im Fernsehen gespielt hat, als Single auf. Leider wird der Titel jedoch kein Hit, und in den nächsten Jahren veröffentlicht sie zwar eine Single nach der anderen, hat aber nur wenig Erfolg. Obwohl sie ihre Stimme voll unter Kontrolle hat und die Töne perfekt trifft, fehlt etwas in ihrer Darbietung, und das hält das Publikum davon ab, sich ernsthaft in sie zu verlieben.

Fridas Ehe mit Ragnar geht zur gleichen Zeit in die Brüche, da sie sich von ihren Verpflichtungen befreien

und ihre Gesangskarriere vorantreiben möchte. Anfang 1969 lässt sich das Paar scheiden. Die Kinder bleiben bei ihrem Vater in Eskilstuna, während Frida in die Nähe von Stockholm zieht, um ihrem Traum vom Ruhm näher zu kommen. Sie beginnt bei dem beliebten Pianisten Charlie Norman und seiner Show zu arbeiten und bleibt fast 18 Monate bei ihm.

Im März 1969, als die Norman-Show in Südschweden gastiert, trifft sie in einem Restaurant zufällig auf Benny und Björn, die mit The Hep Stars ebenfalls in der Stadt auftreten (Björn vertritt zu dieser Zeit vorübergehend den Stammgitarristen der Band). Zwischen dem süßen jungen Keyboarder und der Brünetten mit dem ansteckenden Lachen funkt es sofort. Als sie sich noch im selben Monat anlässlich einer Radiosendung wiedersehen, gehen sie anschließend zusammen essen, und schon bald sind Benny und Frida ein Paar und ziehen zusammen. Im August verloben sich die beiden. Etwa zur gleichen Zeit beginnt auch Björn seine erste ernsthafte Beziehung.

◄▲ Frida Lyngstad zusammen mit ihrem ersten Ehemann Ragnar und den Kindern Hans und Lise-Lotte in Eskilstuna, 1967.

▲ Frida bei einem Auftritt mit dem Pianisten Charlie Norman, 1969.

Die Stadt Jönköping liegt in der Provinz Småland, wo auch Björns Heimatstadt Västervik liegt. Agnetha Fältskog wird am 5. April 1950 in Jönköping geboren und wächst auch dort auf. Ihr Vater Ingvar leitet einen Supermarkt, ihre Mutter Birgit ist Hausfrau. 1955 wird Agnethas Schwester Mona geboren.

▲▲ Birgit und Ingvar Fältskog, Agnethas Eltern.

▲ Agnetha (geboren als Åse Agneta Fältskog) im Alter von 13 Jahren auf einem Schulfoto, 1963.

▶ Agnetha zu Beginn ihrer Solo-Karriere.

Agnetha hat eine ziemlich sichere und idyllische Kindheit. Sie erinnert sich: »Meine Mutter war immer zu Hause, und wir hatten feste und regelmäßige Abläufe, nach denen wir lebten. Wenn ich aus der Schule kam, war meine Mutter da, und um zehn nach fünf kam mein Vater jeden Tag von der Arbeit nach Hause. Und dann gingen wir zu einer bestimmten Zeit ins Bett und standen zu einer bestimmten Zeit auf.«

Ingvar hat großes Interesse am Theaterspielen und veranstaltet in Jönköping Amateurtheaterabende, für die er Sketche und Lieder schreibt. Er bringt es nur zu einer gewissen lokale Bekanntheit, aber er hat Spaß daran. Zweifellos hat dieses Interesse am Singen und Schreiben von Songs auch auf seine älteste Tochter abgefärbt, die im Alter von fünf Jahren mit dem Klavierspielen beginnt und ein Jahr später ihr erstes Lied *Två små troll* (Zwei kleine Trolle) schreibt. Etwa zur gleichen Zeit gibt Agnetha ihr Bühnendebüt als Sängerin auf einem von ihrem Vater organisierten Fest. Es wird ein denkwürdiger Abend, als der Gummizug ihres Höschens reißt und es langsam unter ihrem Kleid herunterrutscht, während sie singt. Agnethas Eltern erinnern sich, dass das Publikum sich vor Lachen gekrümmt hat.

In ihren frühen Teenagerjahren ist Agnetha bereits eine produktive Songschreiberin, die mit einigen Freundinnen ein Mädchentrio gründet und in lokalen Shows auftritt. Nach ihrem Hauptschulabschluss im Alter von 15 Jahren findet sie Arbeit als Telefonistin in einer örtlichen Autofirma, während sie nebenbei Songs schreibt und immer wieder in verschiedenen Bands in der Region Jönköping singt.

Sie ist 16, als sie gebeten wird, der Tanzband von Bernt Enghardt beizutreten, mit der sie am 17. September 1966 ihren ersten Auftritt als festes Bandmitglied hat. Die Band, die in der Region einen ziemlich großen Namen hat, verfügt über eine Bläserabteilung und versucht, so viele Soulnummern wie möglich in ihr Repertoire aufzunehmen. So unwahrscheinlich es auch erscheinen mag – Agnetha singt tatsächlich die Leadstimme bei James Browns klassischem Soulhit *I Got You (I Feel Good)*. Sie liebt es, mit der Band zu singen, aber ihre Mutter macht sich Sorgen, dass die ganze Woche in der Telefonzentrale zu arbeiten und dann am Wochenende mit der Band zu singen zu viel sein könnte. Sie ist der Meinung, dass ein Mädchen im Teenageralter sich manchmal entspannen, Freunde treffen und Spaß haben sollte. Für Agnetha steht die Entscheidung jedoch fest: Sie will singen.

Nachdem sie bereits ein paar Monate in der Band von Enghardt gesungen hat, bringt sie den Mut auf und präsentiert der Band einen eigenen Song. Ausgelöst

»Es war der glücklichste Moment in meiner gesamten Musikkarriere.«

Agnetha

durch die Trennung von einem Freund und inspiriert von den rührseligsten Passagen aus dem Repertoire ihres Idols, der amerikanischen Sängerin Connie Francis, schreibt sie die Ballade mit dem Titel *Jag var så kär* (Ich war so verliebt). Die Band mag den Song sofort und arbeitet an einem Arrangement. Er ist auch auf einem Demotape zu finden, das sie der Plattenfirma Cupol in Stockholm schicken. Das Tape erregt das Interesse des Labels, sie sind aber nur an Agnetha interessiert. Kurz darauf erhält sie einen Plattenvertrag als Solokünstlerin.

Im Oktober 1967 betritt die nervöse, erst 17-jährige Agnetha in Begleitung ihres Vaters ein Stockholmer Studio, um ihre erste Single aufzunehmen. Auf einer Seite der Single ist der selbstgeschriebene Titel *Jag var så kär* zu finden. Agnetha ist überwältigt vom Klang ihres eigenen Songs, der von einem professionellen Arrangeur orchestriert und von einer vollständigen Band gespielt wird, mit Streichern und allem Drum und Dran. Sie erinnert sich: »Es war der glücklichste Moment in meiner gesamten Musikkarriere.«

Was dann passiert, übersteigt Agnethas kühnste Träume. Im Februar 1968 erreicht der Song Platz 1 der Verkaufscharts und macht sie sofort zum Star. Es ist eine Sensation, dass sie mit ihrer allerersten Single Erfolg hat und dass es sich dabei auch noch um ihren eigenen Song handelt. In den 60er-Jahren ist es mit Ausnahme von Künstlern wie der amerikanischen Sängerin Jackie DeShannon und einer Handvoll anderer Interpreten höchst ungewöhnlich, dass Sängerinnen ihr eigenes

◀ Agnetha in Stockholm, 1972.

Material schreiben, ganz zu schweigen von 17-jährigen Mädchen, die sich weit entfernt von den Hotspots des Showbusiness aufhalten.

Agnethas Karriere entwickelt sich zwar gut, aber sie singt weiterhin gleichzeitig in der Band und arbeitet Vollzeit in der Telefonzentrale. Doch schon bald holen sie der Mangel an Erholung und die ständige Arbeit ein. Sie selbst sagt: »Eines der Mädchen auf der Arbeit sagte mir, ich sähe blass aus – das ist das Letzte, woran ich mich erinnere. Dann fiel ich in Ohnmacht.«

Ihre Mutter setzt ihr ein Ultimatum. Sie muss sich zwischen der Telefonzentrale und dem Singen entscheiden. Und wieder setzt Agnetha alles auf die Musik. Ein paar Wochen später kündigt sie bei der Autofirma. Sie verpflichtet sich, im Sommer 1968 mit der Band von Bernt Enghardt durch die *Folkparks* zu touren. Am Ende der Tour verlässt Agnetha die Band und zieht nach Stockholm, um ihre Karriere als Solosängerin zu verfolgen. Es läuft ziemlich gut, sie landet Hits, nimmt Schauspielunterricht und startet sogar eine Plattenkarriere in Westdeutschland.

Im Mai 1969 wird Agnetha für die Dreharbeiten zu einer TV-Sendung an der Westküste Schwedens gebucht. Zu den Künstlern, die an der Sendung teilnehmen, gehört auch der nun bereits bekannte Björn Ulvaeus. Kennengelernt hat sie ihn im Sommer zuvor, als die Hootenanny Singers und Bernt Enghardts Band im selben *Folkpark* auftreten. Björn gibt später zu, dass er sich in dem Moment in sie verliebt hat, als er sie zum ersten Mal im Fernsehen gesehen hat. Während der Dreharbeiten zu der Fernsehsendung beginnt eine Romanze zwischen Björn und Agnetha. Sie ziehen zusammen, und im Frühjahr 1970 verloben sie sich.

Zwei Paare aus vier Individuen, die im Musikgeschäft als Songwriter, Produzent und Künstler etabliert sind, sind 1970 eine gute Basis für eine erfolgreiche Popgruppe. Allerdings werden wir sehen, dass der Weg noch lang ist und nicht immer gerade verläuft.

▶ Agnetha und Björn, 1970.

ABBA WIRD GEGRÜNDET

Ludwig

ABBA WIRD GEGRÜNDET

»Die Show geht an einem vorüber, ohne große Spuren zu hinterlassen.« »Im Vergleich zur Begleitband sehen die Leistungen der beiden Paare recht blass aus.« »Hätte die Show noch 15 Minuten länger gedauert, hätte ich einen Beißring gebraucht, um nicht laut zu schreien.«

Nicht alle Kritiken über die *Festfolk*-Show, die am 1. November 1970 in Göteborg Premiere hat, sind so schlecht wie die oben aufgeführten Zitate – einige sind sogar durchweg positiv –, aber verblüffenderweise spiegeln diese Zitate am ehesten die Gefühle der Stars der Show wider. Denn Björn, Benny, Agnetha und Frida blicken auf diese Sendung als (mit Björns Worten) »absoluten Tiefpunkt der Karriere aller Beteiligten« zurück. Aber wie sind sie an diesem Tiefpunkt angelangt?

Im Lauf des Jahres 1969 haben Björn und Benny ihre Zusammenarbeit als Songwriter gefestigt und mit Bengt Bernhag und Stig Anderson, den Chefs von Polar Music, einen Musikverlag gegründet. Die beiden arbeiten auch zum ersten Mal als Plattenproduzenten zusammen. Björn lebt inzwischen mit Agnetha zusammen und Benny mit Frida. Benny ist auch der Produzent von Frida. Seine erste Produktion für sie ist die im Oktober 1969 erschienene Single *Peter Pan*, die er und Björn geschrieben haben. Dies ist der erste Song, an dem drei künftige ABBA-Mitglieder mitgewirkt haben. Im Februar 1970 singt Agnetha als Backgroundsängerin bei *There's a Little Man*, einem Song, den Björn und Benny für einen Sänger namens Billy G-son geschrieben und produziert haben. Dies ist ihre erste professionelle Zusammenarbeit mit der männlichen Hälfte von ABBA. Obwohl keine dieser Singles zu einem Hit wird, könnte man meinen, dass die Weichen für die Gründung eines Quartetts bereits gestellt worden sind, aber bis dahin dauert es noch eine Weile.

Wie viele andere schwedische Popstars zu dieser Zeit sind Björn und Benny auf der Suche nach neuen Richtungen im Musikgeschäft. Viele ihrer Mitstreiter orientieren sich an progressiver Rockmusik oder versuchen, sich als Singer-Songwriter zu etablieren, manchmal mit offenkundig politischen Texten. Das ist nicht Björns und Bennys Sache, denn sie halten an der Idee fest, dass Musik in erster Linie Unterhaltung sei. So sehr sie auch Fans von zeitgenössischem Pop und Rock sind, so wissen sie doch auch eine schöne Melodie zu schätzen und geben dieser den Vorrang.

Sie sind entschlossen, ihren Lebensunterhalt als Songschreiber und Interpreten zu verdienen, und scheinen sich auf alles einzulassen, was ihnen hilft, sich über Wasser zu halten. Im Herbst 1969 treten sie zusammen mit Svenne und Charlotte Hedlund (bekannt unter ihrem schwedischen Spitznamen Lotta), den ehemaligen Leadsängern der Hep Stars, als Quartett auf. Zur gleichen Zeit schreiben sie Songs für verschiedene Interpreten, aber außer ein paar Hits Anfang 1969 haben sie keinen großen Erfolg. Sie schreiben sogar die Filmmusik für einige Erotikfilme. Die sogenannten Sexploitationfilme sind Filme mit einem niedrigen Budget, bei denen die Handlung hauptsächlich dazu dient, die Schauspieler in verschiedenen Stadien der Nacktheit zu zeigen.

◀◀ Die Gruppe ABBA um die Zeit ihres Auftritts bei der schwedischen Eurovisions-Auswahl, 1973 (Seite 32).

◀ Die ABBA-Mitglieder auf der Bühne des Vergnügungsparks Liseberg in Göteborg, 1973.

▲ Agnetha auf Tournee mit dem Schauspieler und Sänger Bert-Åke Varg, 1970.

▶ Agnetha, Björn und Benny (von links) ohne Frida auf der *Folkpark*-Tournee, 1971.

Agnetha und Frida sind beide in ihren Solokarrieren aktiv und nehmen, anders als Björn und Benny, nicht für Polar Music auf, sondern sind an andere Labels gebunden. Agnetha hat hin und wieder Hits und tritt erfolgreich auf *Folkpark*-Tourneen auf, während Frida hauptsächlich mit Charlie Norman arbeitet.

Ähnlich wie bei Björn und Benny bewegt sich ihr Stil hauptsächlich im Bereich der leichten Popmusik, und man wird die beiden sicher eher nicht mit Protestsongs auf die Barrikaden gehen sehen. Die beiden Paare mögen zwar eine Liebesbeziehung haben, aber ihre Karrieren verlaufen weitestgehend getrennt.

Im April 1970 ändern sich die Dinge. An Agnethas 20. Geburtstag reisen die beiden Paare nach Zypern, wo sie für einen Preisnachlass auf ihre Flugtickets einen kleinen Auftritt absolvieren sollen. Auf dieser Reise verloben sich Agnetha und Björn. Leider verliert Björn sehr zum Ärger von Agnetha seinen etwas zu großen Verlobungsring beim Schwimmen im Mittelmeer.

Wichtiger für die Zukunft sind die Auftritte, die die vier für die UN-Soldaten absolvieren, die auf der vom Krieg verwüsteten Insel stationiert sind. Sie haben vorher schon zusammen gesungen, privat und nur so zum Spaß, und dabei festgestellt, dass ihre Stimmen zusammen ganz gut klingen. Nach dem Auftritt vor echtem Livepublikum sind sie noch mehr davon überzeugt, dass sie dieses Konzept weiterverfolgen sollten.

Für den Sommer 1970 haben alle vier bereits *Folkpark*-Tourneen gebucht: Björn und Benny sind mit Svenne und Lotta auf Tournee, Frida hat ein Engagement bei Charlie Norman, und Agnetha ist mit einem schwedischen Schauspieler/Comedian auf Tournee. Alle diese Tourneen haben einen Hauch von Kabarett an sich: Natürlich wird gesungen, aber einige dieser Songs haben vermeintlich lustige Texte, und es gibt auch regelrechte Sketche und dergleichen. In der Unterhaltungsbranche ist diese Art von Shows damals üblich.

Für den Herbst haben Björn, Benny, Agnetha und Frida, ermutigt durch ihre Erfahrungen auf Zypern, beschlossen, es als Quartett mit einer Kabarettshow zu probieren. Die beiden Beziehungen sind nicht gerade frei von Reibereien, aber die vier sind optimistisch. Benny und Frida erklären, dass sie einfach zusammen sein müssen: »Wenn man als Künstler getrennt arbeitet, endet die Beziehung früher oder später. Man erlebt zu viel allein und lebt sich auseinander.«

Zusammen mit ein paar aktuellen Textern entwickeln sie eine Show, die den Titel *Festfolk* trägt. Der Titel ist ein Wortspiel, da er je nach Schreibweise sowohl »Partyvolk« als auch »verlobtes Paar« bedeuten kann. Doch als die Show am 1. November 1970 in Göteborg Premiere feiert, wird schnell klar, dass der Optimismus des Paares kaum gerechtfertigt ist. Auf der Bühne witzig zu sein fällt ihnen nicht leicht, und selbst die positiven Kritiken lassen echte Begeisterung vermissen. Die breite Öffentlichkeit hat offenbar zwischen den Zeilen gelesen und beschlossen, sich fernzuhalten. Die Erinnerung an

eine Handvoll »gähnender Autoverkäufer«, die bei manchen Auftritten im Publikum sitzt, wird die vier nicht wieder loslassen.

Nach einem Auftritt im Dezember in Stockholm begibt sich das Quartett im Februar auf eine kurze Tournee, die noch desaströser verläuft. Zusammengepfercht in einem Auto, mit dem die vier auf den glatten Winterstraßen von einem Veranstaltungsort zum nächsten fahren, fällt es ihnen schwer, miteinander auszukommen. So sehr sie sich als Einzelpersonen auch mögen, die Freundschaften und Beziehungen sind noch recht neu, und sie haben sich noch nicht ganz an die Macken der anderen gewöhnt. Nach der Tour ändern Benny und Frida, die noch wenige Monate zuvor so selbstbewusst verkündet hatten, dass sie »zusammen sein müssen«, ihre Haltung. Frida meint: »Es ist keine gute Idee, gleichzeitig zusammen zu arbeiten und ein Paar zu sein. Man bekommt viel leichter schlechte Laune. Wir saßen im Auto zusammen, aßen zusammen, traten zusammen auf, checkten im Hotel gemeinsam ein. Das war einfach zu viel.«

Diese Belastung setzt der Beziehung von Benny und Frida fast ein Ende. Eine im Sommer 1971 geplante *Folkpark*-Tour des Quartetts wird nur von Björn, Benny und Agnetha absolviert, während Frida mit einem anderen Sänger auf Tournee geht. Benny sagt dazu, dass es »eine glückliche Lösung« sei. Was die *Festfolk*-Erfahrung insgesamt angeht, so fasst Björn diese zusammen und meint, sie hätten genau gelernt, was sie nicht tun sollten.

Parallel zu dieser unglücklichen Erfahrung gibt es aber positive Zeichen am Horizont. Seit dem Frühjahr

1970 nehmen Ulvaeus und Andersson als Duo Björn & Benny Songs auf und veröffentlichen ihre erste und einzige LP zur Zeit der *Festfolk*-Eröffnung. Auf dem Album ist der Song *Hej gamle man!* (Hey alter Mann!) vertreten. Mit seinen Akustikgitarren, dem Tamburin und dem mitsingfreundlichen Refrain erinnert der Song ein wenig an die Heilsarmee, zumal der Text auch von einem Soldaten der Heilsarmee handelt. Um eine Mischung aus männlichen und weiblichen Stimmen zu erhalten, bittet das Duo ihre Verlobten, den Background zu singen. Dies ist das erste Mal, dass alle vier auf einer Platte zu hören sind!

Hej gamle man! erscheint als Single und landet auf Platz 1 der Radiohitparade *Svensktoppen*. Diese schwedische Top-10-Hitparade ist mit der Hitparade *Tio i topp* vergleichbar, die für Bands wie The Hep Stars so wichtig gewesen ist. Die Songs auf *Svensktoppen* sind eher leichter Pop und werden auf Schwedisch gesungen. Die Single erreicht Platz 5 in den Verkaufscharts. Die Botschaft ist klar: In dem gemeinsamen Gesang der vier steckt viel mehr Potenzial, als bei den mittelmäßigen Kabarett-Auftritten zu sehen war. Frida überlegt ein paar Jahrzehnte später: »Ich denke nicht, dass [*Hej gamle man!*] ohne Agnetha und mich ein solcher Hit geworden wäre.«

Nach der wenig glücklichen *Festfolk*-Tournee arbeiten die vier etwa ein Jahr lang vor allem im Tonstudio zusammen. Benny produziert weiterhin Frida, während Björn sich um Agnethas Aufnahmen kümmert, und alle vier tauchen jeweils auf den Aufnahmen der anderen als Musiker oder Backgroundsänger auf. Im Herbst 1971 hat Frida endlich einen eigenen Hit mit der schwedischen Version eines Songs, den Benny ursprünglich für The Hep Stars geschrieben hat. Benny produziert ihn und spielt die Musik dazu ein. Agnetha und Björn helfen mit dem Backgroundgesang aus.

Björn und Agnetha heiraten im Juli 1971 während einer Unterbrechung der *Folkpark*-Tour. Die Berichterstattung ist umfangreich, und es gibt eine Menge Schaulustige. Anfang 1972 ziehen beide Paare in Reihenhäuser in einem Vorort namens Vallentuna nördlich von Stockholm, die nur wenige Minuten Fußweg voneinander entfernt liegen. Diese Wohnsituation festigt das Bild, das die Öffentlichkeit von ihnen hat. Sie gelten als vier nette, familienfreundliche und umgängliche Künstler des leichten Popgenres. Die Wochenzeitungen und die Sonntagsbeilagen können gar nicht genug davon bekommen, über ihre gemütliche Häuslichkeit zu berichten, die weit entfernt von allem ist, was auch nur

◀ Frida im Jahr 1971.
▶ Agnetha und Björn heiraten im Juli 1971.

»Wenn man als Künstler getrennt arbeitet, endet die Beziehung früher oder später.«

Benny und Frida

annähernd mit dem Leben subversiver Rockstars vergleichbar wäre.

In den frühen 70er-Jahren gibt es viele parallele Entwicklungen, und es ist schwer, die Chronologie und die unmittelbaren und langfristigen Auswirkungen für die vier Mitglieder von ABBA zu bestimmen. Das wichtigste Ereignis ist vielleicht, dass Björn und Benny im Sommer 1971 von Stig Anderson als Hausproduzenten bei Polar Music eingestellt werden. Auslöser ist ein tragisches Ereignis, das sich am Hochzeitstag von Björn und Agnetha ereignet. Bengt Bernhag, Stigs 43-jähriger Partner bei Polar, hat seit fast einem Jahrzehnt eine Dickdarmentzündung, die ihn immer depressiver werden lässt. Er zieht sich zurück und greift zur Flasche. An jenem Sommertag, als einige seiner engsten Freunde und Mitarbeiter in Südschweden das Leben und die Liebe feiern, wird ihm alles zu viel. Er nimmt sich das Leben.

Die schockierende Nachricht erreicht Stig Anderson noch am selben Tag. Er beschließt, sie für sich zu behalten, um die Hochzeitsfeier nicht zu verderben. Am nächsten Morgen erfahren es schließlich alle. So erschüttert Stig über den Verlust seines engen Freundes auch ist – es wird ihm klar, dass Polar Music mit dem Tod von Bengt keinen Plattenproduzenten mehr hat. Er lädt Björn zum Rudern auf einem nahegelegenen See ein, um mit ihm unter vier Augen zu sprechen. Stig und Bengt haben Björn schon lange darauf vorbereitet, ein Teil von Polar Music zu werden. Stig teilt Björn nun mit, dass er ihn mit sofortiger Wirkung als Produzent bei Polar einstellen möchte. Björn, dessen Partnerschaft mit Benny ihm wichtiger erscheint als alles andere, besteht darauf, dass auch Benny eingestellt wird.

Als Stig erklärt, dass er sich nur einen Produzenten leisten könne, findet Björn die perfekte Lösung. Die beiden teilen sich das Gehalt. Stig schlägt sofort ein. »Das war eine verdammt großzügige Geste von Björn«, erinnert sich Benny. In den darauffolgenden Jahren sammeln die beiden viele verschiedene Erfahrungen im Aufnahmestudio, produzieren Kinderlieder, religiöses Gesangsgut, Big Bands und vieles mehr.

Stig Anderson hat ein äußerst erfolgreiches Musikimperium aufgebaut, nicht zuletzt durch den Erwerb von Rechten an ausländischen Songs. Hauptsächlich importiert er Hits nach Schweden. Seiner Meinung nach muss es aber auch möglich sein, schwedische Songs dem Rest der Welt vorzustellen. Stig merkt, dass er die perfekten Kandidaten dafür direkt vor seiner Nase hat. Als der Ruhm von ABBA seinen Höhepunkt erreicht, erinnert er sich: »Ich habe immer gewusst, dass Björn und Benny große Fähigkeiten als Songwriter haben. Das war so offensichtlich. Ich wusste, dass sie sich als Songwriter weltweit einen Namen machen konnten.«

Trotz der Bedenken von Kollegen aus dem Musikgeschäft – schließlich hatte mit Ausnahme einiger Opernsänger noch nie ein schwedischer Songschreiber oder Interpret eine dauerhafte internationale Karriere gemacht – weigert sich Stig, ein mögliches Scheitern zu akzeptieren. Aber erst im Februar 1972, als Björn und Bennys Debütsingle von 1970 mit dem Song *She's My Kind of Girl* ausgerechnet in Japan veröffentlicht wird, geht es richtig los. Der Titel hat genau die melancholische Stimmung, die den Japanern gefällt. Er schießt auf Platz 1 der japanischen Radio-Charts und erreicht Platz 7 der nationalen Verkaufscharts, ein außergewöhnlich gutes Ergebnis für nichtjapanische Künstler.

Das ist genau die Ermutigung, die Björn, Benny und Stig brauchen. Einige Jahre lang haben Björn und Benny in der schwedischen Schlager- und Light-Pop-Szene festgesteckt, aber jetzt träumen sie davon, wieder Popmusik auf Englisch zu schreiben, wie zu ihren Anfängen. Nun wollen sie einen echten englischen Popsong schreiben, aufnehmen und ihn gemeinsam mit ihren weiblichen Bandkolleginnen interpretieren. Sie erhalten einige Inspiration von der Band Blue Mink, bei deren Songs Roger Cook und Madeline Bell sich die Leadstimme teilen. Ende der 60er- und Anfang der 70er-Jahre hat die Band mehrere Hits, darunter *Melting Pot*, *Good Morning Freedom* und *The Banner Man*. Warum also nicht einmal etwas Ähnliches probieren?

Am 29. März 1972 nimmt die Band im Metronome Studio im Zentrum Stockholms einen Song namens *People Need Love* auf. Die männliche und die weibliche Hälfte der Band wechseln sich in den Strophen ab und kommen im Refrain zusammen, genau wie bei Blue Mink. Der Gospel-Pop-Song, der sich thematisch an Hits der frühen 70er-Jahre wie *I'd Like to Teach the World to Sing* von The New Seekers oder einer Reihe von Blue-Mink-Songs anlehnt, markiert einen klaren Wendepunkt. Ein paar Jahrzehnte später meint Benny: »Ich erinnere mich, wie ich dachte: ›Jetzt haben wir unsere erste wirklich gute Platte gemacht‹. Und ich glaube, Björn empfand das genauso.«

Die Single wird unter dem etwas sperrigen Namen Björn & Benny, Agnetha & Anni-Frid veröffentlicht, aber *People Need Love* ist tatsächlich die erste ABBA-Aufnah-

◀ Die beiden Paare werden in Vallentuna, einem Vorort nördlich von Stockholm, Nachbarn.

▼ Die britische Band Blue Mink mit den Sängern Roger Cook (unten links) und Madeline Bell (unten Mitte), um 1970.

me. Im Sommer 1972 wird der Titel ein zwar mäßiger, aber erfolgreicher Hit, der einen Richtungswechsel bei den Beteiligten auslöst. Björn und Benny haben bereits Stücke für ihr zweites Duo-Album aufgenommen, aber die meisten dieser Aufnahmen werden nun zugunsten eines gemeinsamen Albums mit Agnetha und Frida verworfen. Die Aufnahmen beginnen im Herbst 1972.

Die Chancen stehen gut, denn ein paar Monate nach den Aufnahmen ergibt sich eine aufregende Gelegenheit zur Veröffentlichung. Die Erfolgsbilanz des Songwriter-Teams Björn, Benny und Stig ist zu diesem Zeitpunkt schon recht gut, sodass sie als potenzielle Hitmacher eingeladen werden, einen Song für das *Melodifestivalen* (Melodienfestival), die schwedische Auswahl für den *Eurovision Song Contest 1973*, einzureichen. Im Nachhinein mag es seltsam erscheinen, dass die Aussicht auf die Teilnahme an der *Eurovision* die Songwriter so begeistert hat, denn der Wettbewerb ist das Gegenteil von dem, was sie anstreben. Sie haben jedoch nur sehr wenige Alternativen, wenn sie mit ihrer Musik außerhalb Skandinaviens Fuß fassen wollen. Zu dieser Zeit lehnen die großen Plattenfirmen in Großbritannien und Amerika ihre Musik ab, teilweise noch, bevor sie sie gehört haben. Daher könnte die *Eurovision* ihnen einen direkten Zugang zu mehreren 100 Millionen Zuschauern in ganz Europa verschaffen. Der Song und der Auftritt müssen nur stark genug sein, damit die Kritiker und Entscheidungsträger ihre Musik allein nach dem Erfolg und nicht nach der geografischen Herkunft beurteilen.

Anfang Januar 1973 fahren Björn, Benny und Stig mit dem Boot auf die Insel Viggsö in Stockholms beliebten Schären, um sich einen Song einfallen zu lassen. Stig hat als erster ein Haus auf der Insel gekauft, gefolgt von Björn und Agnetha im Jahr 1971. Zwei Jahre später ziehen Benny und Frida nach. Diese Insel wird zur Sommerresidenz für die gesamte ABBA-Familie, die dort während der Blütezeit der Band viel Zeit verbringt. Zum Grundstück von Björn und Agnetha gehört ein kleines Gästehaus mit zwei Schlafzimmern und einem Wintergarten, in dem gerade genug Platz für ein Klavier und zwei Stühle ist. Dieser Ort wird für Björn und Benny zu einem beliebten Rückzugsort zum Songschreiben, da er ihnen die nötige Ruhe und Abgeschiedenheit bietet. In dieser Hütte entstehen viele ABBA-Songs, darunter Klassiker wie *Dancing Queen* und *The Winner Takes It All*.

Während der kalten Januartage fällt Björn und Benny im gemütlichen Wintergarten eine eingängige Melodie ein. Sie spielen sie Stig vor, der findet, dass sie perfekt für die *Eurovision* sei. Stig ist ein Meister darin, sich einprägsame Titel auszudenken, die weltweit verstanden werden können. Nach einigem Überlegen entscheidet er sich für *Ring Ring* und schreibt schnell den schwedischen Text dazu. Nur wenige Tage später, am 10. Januar, kommen die Band und ihre Sessionmusiker wieder ins Metronome Studio, um den Song aufzunehmen. Diese Session ist wichtig, nicht nur, weil sie hoffen, dass dieser Titel ihnen den Weg zur *Eurovision* ebnet.

»Ich kann mich immer noch an die Gänsehaut erinnern. Die Haare auf meinen Armen standen hoch.«

Michael B. Tretow

Eine wichtige Person in der ABBA-Story ist der Toningenieur Michael B. Tretow. Er ist etwa im selben Alter wie Björn und Benny und teilt ihre Begeisterung dafür, Platten zu machen, die wie die besten britischen und amerikanischen Werke klingen. Ständig auf der Suche nach neuen Sounds und neuen Aufnahmemethoden, ist er Björns und Bennys inoffizieller Co-Produzent bei den ABBA-Platten und trägt wesentlich dazu bei, dass diese auch nach Jahrzehnten noch so aktuell klingen.

Zum Zeitpunkt der *Ring-Ring*-Session hat Michael gerade eine Biografie des amerikanischen Plattenproduzenten Phil Spector gelesen, der in den frühen 60er-Jahren für seine Wall-of-Sound-Aufnahmen mit Künstlern wie The Crystals, The Ronettes und The Righteous Brothers berühmt geworden ist. Das Buch enthüllt, wie Spectors Sound zustande kommt: Fünf Gitarren, drei Klaviere und zwei Bassgitarren spielen gleichzeitig und sorgen für einen gewaltigen Klang. Begeistert erzählt Michael Björn und Benny von seiner Entdeckung. Sie sind ebenso begeistert und stimmen zu, diesen Ansatz bei der *Ring-Ring*-Session auszuprobieren. Allerdings verfügen sie nicht über die finanziellen Mittel wie Spector, sodass sie – statt mehrere Gitarristen im Studio zusammenzupferchen – einen eher günstigen Ansatz wählen. Sie haben einen Gitarristen, einen Bassisten und einen Schlagzeuger. Diese spielen ihre Parts jeweils zwei Mal, wobei das zweite Mal als Overdub über das erste gelegt wird.

Für den zweiten Overdub ändert Michael die Geschwindigkeit des Tonbandgeräts geringfügig, sodass es nicht synchron läuft – nicht so sehr, dass man es bemerken würde, aber genug, um den Sound zu verdichten. Das Ergebnis erstaunt alle. Michael erinnert sich: »Es war, als ob das Dach einstürzen würde, Björn und Benny waren begeistert. Ich kann mich immer noch an die Gänsehaut erinnern. Die Haare auf meinen Armen standen hoch. Das war wirklich etwas ganz anderes.«

Am 10. Februar 1973 spielen Björn & Benny, Agnetha & Anni-Frid *Ring Ring* auf dem *Melodifestivalen*. Die Situation ist aus mehreren Gründen angespannt. Agnetha ist hochschwanger mit Björns erstem Kind und steht kurz vor der Entbindung. Jeder macht sich Sorgen, auch das schwedische Fernsehteam. Agnetha erinnert sich: »Ich selbst war nicht allzu angespannt, aber alle um mich herum waren mehr oder weniger hysterisch, insbesondere eine der Studiohostessen. Einmal hörte sie zufällig ein Kind schreien, stürmte den Korridor hinunter und rief: ›Ach du meine Güte, ist es schon da?‹ Sie dachte, ich hätte mein Kind mitten im Fernsehstudio bekommen!« Die Präsentation von *Ring Ring* findet wie geplant statt – ohne Geburt. Zwei Wochen später kommt Tochter Linda in einer sicheren Krankenhausumgebung zur Welt.

◀▲ ABBAs Toningenieur Michael B. Tretow.

▲ ABBA spielt *Ring Ring* live auf dem *Melodifestivalen* in Stockholm, der Vorentscheidung für den *Eurovision Song Contest*, 10. Februar 1973.

Das Resultat der Aufnahme ist allerdings nicht das, was sich die Band erhofft hat. Obwohl *Ring Ring* als Favorit gehandelt wird, setzt die Jury, die aus verschiedenen Bereichen des Musikgeschäfts stammt – Interpreten, Songschreiber, Musikjournalisten –, den Song nur auf den dritten Platz. Der verpasste Sieg bedeutet, dass es kein Ticket zum *Eurovision Songcontest* und kein europaweites Publikum gibt. In der Umkleidekabine der Band herrscht Trübsal. Stig Anderson wird seinen Zorn auf die Expertenjury, die ihn und seine Band um den – in seinen Augen – verdienten Sieg gebracht hat, nie vergessen.

Doch als *Ring Ring* in Schweden als Single veröffentlicht wird, erhalten Stig und die Band eine Bestätigung, auf die sie kaum zu hoffen gewagt hatten. *Ring Ring* und das gleichnamige Album – das erste ABBA-Album, obwohl es Björn & Benny, Agnetha & Frida zugeschrieben wird (»Anni-Frid« wird in dieser Zeit auf den Platten zu »Frida«) – sind die größten Hits des Jahres 1973. In den damaligen schwedischen Single- und Albumcharts steht die schwedische Single *Ring Ring* im April zwei Wochen hintereinander auf Platz 1, die englischsprachige Single auf Platz 2 und das Album auf Platz 3.

»Ring Ring« ist ein ziemlich uneinheitliches Album. Es wirkt, als wäre es schnell zusammengeschustert worden, sobald klar gewesen ist, dass die LP eher früher als später veröffentlicht werden muss. Die eingängige Ballade *I Am Just a Girl* zum Beispiel ist ein wiederverwendeter Backingtrack für eine Flop-Single, die Björn, Benny und Stig für einen anderen Künstler geschrieben haben. Das nicht sehr rockige *Rock 'n' Roll Band* enthält einen überarbeiteten Backingtrack von einer von Björn & Benny in Japan veröffentlichten Single. Aber letztlich hat »Ring Ring« erreicht, was die Band anstrebt, nämlich unterhaltsamen und leicht verdaulichen Pop zu liefern, wobei Songs wie das Singer-Songwriter-Stück *Another Town, Another Train* und das flotte *Nina, Pretty Ballerina* so eingängig sind, wie man es sich nur wünschen kann. Dies ist übrigens das einzige ABBA-Album mit einem Beitrag von Agnetha Fältskog. Für ihren Song *Disillusion* hat Björn den Text geschrieben. Die männliche Hälfte von ABBA bewundert Agnethas Talent und ermutigt sie, der Band im Lauf der Jahre mehr Material vorzulegen, aber ihre Selbstzweifel halten sie davon ab. Gegen Ende der Karriere der Band gibt sie zu: »Ich denke, [die Lieder] sind einfach nicht gut genug, um von ABBA gespielt zu werden, also ist es wohl so etwas wie Selbstkritik, was mich zurückhält.«

Erst mit dem Erfolg von »Ring Ring« beschließen die vier Mitglieder, die Band dauerhaft zu gründen und ihre ganze Energie darauf zu konzentrieren. Zu dieser Zeit erwartet man von Björn und Benny immer noch, dass sie alle möglichen Nummern für Polar Music produzieren, während Frida als Solokünstlerin für Polar auftritt und Agnetha – bis Ende 1975 an Cupol Records gebunden und an Polar »ausgeliehen« – ebenfalls ihre eigene Karriere verfolgt. Im Lauf der nächsten Jahre werden jedoch diese Verpflichtungen schrittweise beendet. Das ursprüngliche Nebenprojekt wird für Björn, Benny, Agnetha und Frida zur Hauptbeschäftigung.

Der sperrige Name ist jedoch ein weiterer Knackpunkt, der so schnell wie möglich gelöst werden muss. Ein Bandname, der auf den Namen der Mitglieder basiert, ist zwar nicht ungewöhnlich, doch gehen Björn & Benny, Agnetha & Anni-Frida dem Publikum außerhalb Skandinaviens nicht so leicht über die Lippen wie etwa Crosby, Stills, Nash & Young. Und da die schwedische Band den Sprung ins Ausland schaffen will, muss sie sich einfach etwas anderes einfallen lassen.

Der ungeduldige Stig Anderson hat es schon lange satt, die vier Namen herunterleiern zu müssen, wenn er im Büro interne Memos schreibt oder mit den Medien spricht. Nur aus Spaß fängt er an, die Abkürzung ABBA zu verwenden, die Anfangsbuchstaben der Namen der Bandmitglieder. Der Witz besteht zusätzlich auch darin, dass es eine bekannte Fischfabrik in Schweden gibt, die Abba heißt.

Doch obwohl der Name aus einem Scherz heraus entstanden ist, stellt Stig bald fest, dass er ganz gut passt. Eine Göteborger Zeitung schreibt einen Wettbewerb aus, bei dem ein Name für Björn & Benny, Agnetha & Frida ausgedacht werden soll, doch der ursprüngliche Vorschlag von Stig setzt sich durch. Anfangs ist die Band nicht sehr glücklich über den neuen Bandnamen. Sie sind der Meinung, dass es keine gute Idee sei, wenn ihre Musik Assoziationen von Fischkonserven hervorrufen würde. Stig argumentiert, dass dies nur in Schweden der Fall sei, und er weist darauf hin, dass ABBA perfekt sei – es sei kurz und einfach und könne von jedem auf der Welt ausgesprochen werden. Niemandem fällt eine Alternative ein, also gibt sich die Band am Ende geschlagen. Die Fischfabrik ist überglücklich, der Band ihren Namen zu leihen. Sie schicken eine Kiste Thunfischdosen, um ihr Einverständnis zu signalisieren.

Wie soll es jedoch mit der internationalen Karriere weitergehen? Schließlich haben die vier bei der *Eurovision* nichts erreicht. Sollte das das Ende sein? Nein, denn ABBA und Stig wollen nicht so einfach aufgeben.

▶ Agnetha und Björn begrüßen ihre Tochter Linda am 23. Februar 1973.

RING RING

SEITE 1

Ring Ring (bara du slog en signal)
[schwedische Version]
Another Town, Another Train
Disillusion
People Need Love
I Saw It in the Mirror
Nina, Pretty Ballerina

SEITE 2

Love Isn't Easy
(But It Sure Is Hard Enough)
Me and Bobby and Bobby's Brother
He Is Your Brother
Ring Ring
I Am Just a Girl
Rock 'n' Roll Band

Aufnahme: Metronome, KMH und Europa Film Studios, Stockholm, Schweden

Produktion und Arrangement: Benny Andersson und Björn Ulvaeus

Technische Leitung: Michael B. Tretow, unterstützt von Åke Eldsäter, Rune Persson, Lennart Karlsmyr und Björn Almstedt

Mitwirkende:
Agnetha Fältskog: Gesang
Anni-Frid Lyngstad: Gesang
Björn Ulvaeus: Gesang, Gitarre
Benny Andersson: Gesang, Keyboards
Janne Schaffer, Bo Dahlman, Hasse Rosén: Gitarre
Rutger Gunnarsson, Mike Watson: Bass
Ola Brunkert, Roger Palm, Derek Skinner: Schlagzeug
Sven-Olof Walldoff: Streicherarrangements

Cover:
Peter Wiking: Layout
Bengt H. Malmqvist: Fotografie (Vorderseite)
Lars Falck: Fotografie (Rückseite)

Erscheinungsdatum: 26. März 1973
(GB 9. April 1992, USA 1995)

Label: Polar POLS 242

Anmerkungen
Auf internationalen Versionen des Albums ist eine leicht veränderte Tracklist zu finden. Die schwedische Version von *Ring Ring* ist durch die englische ersetzt worden, die nun das Album eröffnet. Die Lücke, die die englische Version auf der zweiten Seite hinterlässt, wird mit Björn und Bennys japanischem Top-10-Hit *She's My Kind of Girl* gefüllt. *Ring Ring* enthält Texte von Neil Sedaka und seinem damaligen Songwriting-Partner Phil Cody. Dies ist das erste und einzige Mal, dass die Band für ihre englischsprachigen Texte externe Hilfe in Anspruch nimmt.

EIN SIEG UND VIELE RÜCKSCHLÄGE

EIN SIEG UND VIELE RÜCKSCHLÄGE

»Der Titel ist das Wichtigste. Er muss kurz und auf dem TV-Bildschirm gut lesbar sein.«

Stig

Stig Anderson steht im Dezember 1973 vor einem Dilemma. Benny Andersson und Björn Ulvaeus haben einen eingängigen Up-Tempo-Song geschrieben, der ein Hit werden könnte, und er soll den Text dazu verfassen. An sich ist das nichts Ungewöhnliches, da er in den letzten Jahren schon zahlreiche Texte für die beiden geschrieben hat. Das Songwriter-Trio ist jedoch eingeladen worden, einen Song für den *Eurovision Song Contest* einzureichen, der am 6. April 1974 in Brighton, England, stattfinden wird. Und es ist wahrscheinlich, dass dieser Pop-Rocker ihr Beitrag werden soll.

Es stellt sich die Frage, wovon der Text handeln und – vor allem – wie der Song heißen soll. Für Stig ist der Titel wichtiger als alles andere. Sobald er einen guten, einprägsamen Titel gefunden hat, der leicht zu merken ist und in den meisten Ländern verstanden wird, sind 90 Prozent der Arbeit für ihn getan. Er äußert dazu: »Der Titel ist das Wichtigste. Er muss kurz und auf dem TV-Bildschirm gut lesbar sein. Man muss ihn auch in Polen und Jugoslawien verstehen können.«

Der Hook des Songs erfordert ein dreisilbiges Wort, das auch der Titel sein sollte, so viel ist klar. Zunächst denkt er an *Honey Pie*, aber im Gegensatz zu Paul McCartney, der 1968 erfolgreich einen Song mit diesem Titel für das »White Album« der Beatles geschrieben und aufgenommen hat, fühlt sich Stig nicht ausreichend inspiriert, um das Thema weiter zu verfolgen. Als er schließlich in einem Buch mit bekannten Zitaten blättert, findet er die drei Silben, nach denen er sucht: Water-loo. Das ist der Name der belgischen Stadt, die durch ihre Verbindung mit der Schlacht in ihrer Nähe und der Niederlage Napoleon Bonapartes gegen die britischen und preußischen Truppen im Jahr 1815 zum Symbol für Niederlagen im Allgemeinen geworden ist. Um dieses Konzept herum konstruiert Stig nun schnell eine Geschichte über einen Protagonisten, der der Liebe erliegt.

Noch vor Ende 1973 wird der Song im Studio in einer schwedischen und einer englischen Version aufgenommen. Alle sind sich einig, dass dieser Ohrwurm der perfekte Beitrag für den *Eurovision Song Contest* ist. Doch kurz bevor Stig sich auf den Weg in den Weihnachtsurlaub auf die Kanarischen Inseln macht, erhält er ein Demoband mit einem brandneuen Song, den Björn und Benny geschrieben haben. Der Song mit dem Arbeitstitel *Who's Gonna Love You* entspricht eher einer typischen Mid-Tempo-Eurovisionsballade, also den Songs, die in den letzten vier Jahren den Wettbewerb gewonnen haben. Die Überlegung, dass dieser Song ein besserer Beitrag als *Waterloo* sein könnte, liegt nahe.

Auf den Kanarischen Inseln hört Stig immer wieder den Ausspruch »hasta mañana« – und damit ist der perfekte Titel für den neuen Song gefunden. Er diktiert seinen Text über eine knackende Telefonleitung, damit die Gruppe ins Studio gehen und die Aufnahme so schnell wie möglich fertigstellen kann. Die Band weiß, dass der tränenreiche, von Connie Francis inspirierte Gesang von Agnetha bei der *Eurovision* funktionieren könnte. Als Stig Anfang Januar wieder in Stockholm ist, trifft er sich mit Björn und Benny, um endgültig zu entscheiden, welcher Song beim schwedischen Auswahl-Contest *Melodi-*

◀◀ ABBA, Mai 1974 (Seite 48).

◀ Die Gruppe ABBA gewinnt mit ihrem Song *Waterloo* den *Eurovision Song Contest* in Brighton, GB, 1974.

festivalen eingereicht werden soll. Sollen sie sich für *Waterloo* entscheiden, den Song, von dem sie mehr begeistert sind und mit dem sie sich der Welt präsentieren wollen? Oder sollen sie lieber auf den Song *Hasta Mañana* setzen, der im Rahmen des *Eurovision*-Formats bessere Chancen hat? Letzten Endes entscheiden sie sich für *Waterloo*. Schließlich geht es nicht in erster Linie um einen Sieg, sondern darum, sich die Aufmerksamkeit von Abermillionen von Fernsehzuschauern zu sichern. Insbesondere Stig weiß, dass einige der berühmtesten *Eurovision*-Songs wie *Volare* (1958) und *Love Is Blue* (1967) keine Preisträger gewesen sind.

Die Band überlässt nichts dem Zufall und ist fest entschlossen, bei dem Wettbewerb für Furore zu sorgen. Am Samstag, den 9. Februar 1974, tritt sie im *Melodifestivalen* auf, und zwar in den ausgefallensten Kostümen, die man dort je gesehen hat. Inspiriert von Glam-Rock-Künstlern wie T. Rex, Wizzard und The Sweet, haben die vier die Hilfe der Designerin Inger Svenneke in Anspruch genommen, die eine Boutique im Zentrum Stockholms hat, in der Benny und Frida ab und zu einkaufen. Glänzende, farbenfrohe Stoffe, Schulterklappen (passend zum militärischen Thema) und Plateaustiefel bilden ein Ensemble, das bei den Zuschauern garantiert Eindruck schinden dürfte. Beim *Melodifestivalen* erringen die ABBA-Mitglieder mit ihrer energiegeladenen Darbietung von *Waterloo* einen erdrutschartigen Sieg. Diesmal gibt es keine Expertenjury, sondern einen Querschnitt durch die schwedische Bevölkerung, die über das ganze Land verteilt ist. Das Ticket nach Brighton zum *Eurovision Song Contest* ist sicher.

Die Gelegenheit, den Song vor Millionen von Zuschauern vorzutragen, ist jedoch noch nicht alles. Stig Anderson weiß, dass für den maximalen Eindruck mehr

zu tun ist. Am Tag nach dem Triumph auf dem *Melodifestivalen* steigt er in ein Flugzeug und reist in mehrere europäische Länder, um die Büros der lokalen Lizenznehmer von ABBA sowie Radioproduzenten und DJs zu besuchen. Stig verkündet jedem, den er trifft, dass ABBA am 6. April in ganz Europa beim *Eurovision Song Contest* zu sehen sein wird, dass die Gruppe einen tollen, eingängigen Song hat und dass sie auffällige Bühnenkostüme tragen werden – niemand wird sie vergessen können. Die Nachricht lautet: »Sie besitzen die Rechte an *Waterloo*, bitte sorgen Sie dafür, dass die Platte rechtzeitig zur *Eurovision* in den Geschäften steht. Machen Sie das Beste aus dieser Chance!«

Am Abend des 6. April findet der *Eurovision Song Contest* im The Dome in Brighton statt. Der Auftritt von ABBA mit *Waterloo* ist die Nummer acht im Programm zwischen zwei typischen *Eurovision*-Beiträgen: Jugoslawiens melodramatischer Ballade und Luxemburgs flottem Schlagerliedchen. Die glitzernden Outfits der ABBA-Mitglieder und ihre fast rockige Melodie, die an Wizzards Glam-Rock-Klassiker *See My Baby Jive* erinnert – so etwas hat man beim Contest noch nie gesehen. Ihr Dirigent, Sven-Olof Walldoff, verkleidet sich sogar als Napoleon.

Alles läuft so, wie sie es sich erhofft haben – sogar noch besser. Björn ist während der Abstimmung so nervös, dass er kaum hinsehen kann. Benny, cool wie immer, beobachtet die Auszählung und kommt irgendwann

◀ Ankunft am Heathrow Airport in London, 1974.

▲ ABBA auf dem Eurovision Song Contest in Brighton (GB), 6. April 1974.

▶▶ Benny Andersson, Frida Lyngstad, Agnetha Fältskog und Björn Ulvaeus in Stockholm nach dem Gewinn des *Melodifestivalen* mit *Waterloo*, 1974 (nächste Doppelseite).

zu dem Schluss, dass ABBA auf keinen Fall zu schlagen sei, ganz gleich wie die übrigen Jurys abstimmen.

Nachdem die nervös kichernde Moderatorin Katie Boyle den Sieg von *Waterloo* verkündet hat, verläuft der Rest des Abends wie im Rausch. Bei der Entgegennahme des Preises für das Songwriting wiederholt Stig sein »Danke« in einer Vielzahl von Sprachen, die er zuvor sorgfältig einstudiert hat. Seine Co-Autoren hingegen werden von Sicherheitsleuten aufgehalten. Benny kann sich losreißen, aber Björn schafft es nicht auf die Bühne, um seine verdiente Anerkennung zu erhalten. Aber das ist alles nicht so wichtig – die Hauptsache ist, sie haben gewonnen. Nachdem die vier den Song ein zweites Mal gesungen haben, will absolut jeder, nicht zuletzt die Medien, alles über ABBA wissen.

Obwohl ABBA damals die bei Weitem populärste Band ist, die Schweden je gesehen hat, und die Alben alle bisherigen Verkaufsrekorde brechen, gibt es im Heimatland auch eine starke Anti-ABBA-Stimmung. Die Musik gerät aufgrund ihrer Kommerzialität in die Kritik, und einige Kommentatoren scheinen zu glauben, dass sie für Agnetha, Björn, Benny und Frida eine Nebensache ist. Stig und ABBA sollen angeblich auf zynische Weise den maximalen Profit aus den wehrlosen Verbrauchern herausholen, die keine andere Wahl haben, als sich der verführerischen Musik der Band hilflos zu ergeben.

Deshalb drängt der schwedische Reporter Stig und Frida an diesem Abend in die Enge und sagt: »Letztes Jahr habt ihr einen Song über Menschen gemacht, die sich gegenseitig anrufen, dieses Jahr habt ihr einen Song darüber gemacht, wie 40.000 Menschen sterben, zynisch gesprochen.« Der hitzköpfige Stig beherrscht sich vor laufender Kamera und erklärt geduldig, dass der Titel *Waterloo* eine Metapher für Niederlagen sei und nichts mit Menschen zu tun habe, die 159 Jahre zuvor auf einem Schlachtfeld gestorben seien. Sobald die Kamera aus ist, explodiert er und sagt dem Reporter, er solle »zur Hölle fahren, bevor ein Unfall passiert!«

Der restliche Abend verläuft allerdings ohne Störungen und ist wunderbar. Allen ist bewusst, dass etwas Großes geschehen ist. Agnetha ruft ihre Eltern in Jönköping an und muss am Telefon weinen vor Freude. Björn erinnert sich: »Als ich am Morgen ins Bett ging und alles um mich herum still war, dachte ich: ›Mein Gott, gestern waren wir noch eine unbekannte Band, und morgen liegt uns die ganze Welt zu Füßen. Wir sind über

»Mein Gott, gestern waren wir noch eine unbekannte Band, und morgen liegt uns die ganze Welt zu Füßen. Wir sind über Nacht berühmt geworden.«

Björn

Nacht berühmt geworden.«« Und damit hat er Recht! Stigs sorgfältige Vorbereitungen führen dazu, dass *Waterloo* überall auf der Welt an die Spitze der Charts schießt, einschließlich einer Top-10-Platzierung in den USA und einer Top-5-Platzierung in Australien. In beiden Ländern spielt der Eurovision Song Contest zur damaligen Zeit keine Rolle. Experten in Chart- und Verkaufsstatistiken behaupten, dass *Waterloo* zu den fünf weltweit meistverkauften Songs des Jahres 1974 gehört habe – ein außergewöhnliches Ergebnis für eine unbekannte Band aus Skandinavien. Stigs Theorie stellt sich als absolut richtig heraus: Der Wettbewerb hat der Welt gezeigt, dass es eine Band namens ABBA gibt und dass diese in der Lage ist, kommerziell verwertbare Popmusik zu schreiben, zu produzieren und aufzuführen.

Waterloo wird natürlich der Titeltrack auf dem zweiten Album von ABBA, das zunächst am 4. März 1974 in Schweden erscheint. Während »Ring Ring« aus einer Handvoll echter Hits besteht, die mit Remakes früherer Flop-Singles um die Gunst des Publikums kämpfen, ist »Waterloo« ein Album, das von Anfang bis Ende ein klares Ziel verfolgt. Allerdings versucht die Band immer noch herauszufinden, wer sie ist, und das macht einen Teil des Charmes von »Waterloo« aus. Wenn man an spätere Meisterwerke wie *Dancing Queen* oder *The Winner Takes It All* denkt, sieht man, dass ABBA jede einzelne dieser Aufnahmen fest im Griff hat: Alles ist

◄▲ Posen für die Kameras nach dem Erfolg bei der *Eurovision 1974.*

▲ Die glücklichen Gewinner, *Eurovision 1974.*

an seinem Platz und alles, was überflüssig sein könnte, ist entfernt worden. Aber auf »Waterloo« gibt es ein schwammiges Mellotron, einen quietschenden Minimoog, einen halb-trashigen Versuch von Glamrock bei *Watch Out*, alberne lyrische Einfälle wie den *King Kong Song*, ein Jazzgitarrensolo auf *My Mama Said* und sogar eine Leadstimme von Benny auf *Suzy-Hang-Around*, eine absolute Ausnahme auf einer ABBA-Platte.

Björn und Benny gefällt ein Großteil des Albums heute nicht mehr. Benny meint, dass *Waterloo*, *Honey, Honey* und *Hasta Mañana* die einzigen wirklich guten Songs darauf sind. Beide behaupten, dass *Watch Out* und *King Kong Song* zu ihren schlechtesten Stücken gehören. Wer kein ABBA-Mitglied ist, kann jedoch einfach die Entwicklung der Band genießen. Man bekommt eingängigen, gut produzierten Pop, denn die Melodien sind schon da, und ABBA muss nur noch am Handwerk feilen – und für diesen Moment ist »Waterloo« genau das Richtige. Die schwedischen Plattenkäufer sind sich einig und bringen das Album auf Platz 1. Bis zum Ende des Jahres werden über 300.000 Exemplare verkauft, mehr als von jedem anderen Album bis zu diesem Zeitpunkt. In anderen Ländern läuft es nicht so gut, aber in Großbritannien erreicht das Album immerhin die Top 30, was damals für eine neue Band aus dem äußersten Norden Europas ziemlich gut gewesen sein muss.

Nach dem *Eurovision*-Sieg will jeder ein Stückchen vom ABBA-Kuchen haben. Fernsehsendungen in ganz Europa laden die Musiker als Gäste ein. Zeitungen, Zeitschriften und das Radio wollen sie interviewen. Teenagermagazine wollen Fotoshootings. Doch so unglaublich es auch erscheinen mag – die vier ABBA-Mitglieder verfolgen immer noch ihre eigenen Projekte außerhalb der Band. Frida beginnt mit den Aufnahmen für ein von Benny produziertes Soloalbum, Agnetha macht sich an ihr eigenes Soloalbum, Björn und Benny haben Aufträge als Hausproduzenten von Polar Music, darunter ein Album für die Hootenanny Singers, bei denen Björn immer noch Bandmitglied ist. Die vier haben auch für eine *Folkpark*-Tour im Sommer in Schweden unterschrieben, und mindestens ein Auftritt ist in Dänemark geplant. Und damit nicht genug! Noch vor Ende des Sommers müssen die vier mit ihrem nächsten Album beginnen. Wenn sie nicht mit Magengeschwüren und Nervenzusammenbrüchen enden wollen, muss etwas geschehen. Sie streichen jedoch nur die Tour von ihrer Agenda.

Die lokalen Veranstalter, die sich auf eine lukrative Attraktion gefreut hatten, und die Medien sind in Aufruhr. »ABBA hat das schwedische Publikum enttäuscht«, schreiben die Zeitungen, und ein dänischer Promoter schreibt sogar einen wütenden Brief. Darin stellt er fest: »Das ist ganz einfach die größte Beleidigung, die ich in meinen vielen Jahren in diesem Geschäft je erlebt habe. Ich habe die größten internationalen Stars engagiert, und dann muss ich mich von einer Bande schwedischer Amateure lächerlich machen lassen, die wegen eines plötzlichen Hits zu groß geworden sind und in einem Jahr sicher vergessen sein werden.« Die ABBA-Mitglieder sehen jedoch ihre Chance, sich als internationaler Hit-Act zu etablieren, und wollen diese nicht aus der Hand geben. Björn fragt: »Was hätten wir tun sollen? ›Nein danke‹ zu allen Angeboten sagen und ›Bye, bye, von nun an ist es uns egal, dass wir gewonnen haben‹?«

Zum ersten Mal nimmt ABBA nun die Dienste des Kostümdesigners Owe Sandström in Anspruch. In den folgenden fünf Jahren ist er ihr Ansprechpartner für alles, was mit Fernseh- oder Live-Auftritten zu tun hat. Sein erstes Ensemble zählt zu seinen ausgefallensten: Björn sieht aus, als würde Prinz Eisenherz auf Superman und The Sweet treffen, Frida präsentiert sich in einem engen Schlangenlederanzug, Benny in einer relativ normalen glänzenden blauen Jacke mit Federn und Agnetha in einem knallroten, metallisch glänzenden Outfit mit BH und Shorts, das so viel Haut wie möglich zeigt.

Diese Kostüme geben den Ton für einen Großteil von Sandströms künftiger Arbeit für ABBA vor. Sie sind in dem Promo-Clip für einen Remix des Titels *Ring Ring* zu sehen, der als Nachfolger von *Waterloo* in Großbritannien veröffentlicht wird (in den meisten anderen Ländern wird *Honey, Honey* aus »Waterloo« gewählt). Auf Anraten der britischen Plattenfirma CBS werden für den Remix mehr E-Gitarre und etwas Saxofon hinzugefügt, um den Song mehr nach *Waterloo* klingen zu lassen. Die Sache geht jedoch nach hinten los. *Waterloo* hält sich zwei Wochen lang auf Platz 1, *Ring Ring* stagniert aber auf Platz 32. Zweifellos ist das Image von ABBA als *Eurovision*-Act nicht gerade förderlich, denn die Assoziation mit dem Wettbewerb wird der Gruppe zum Verhängnis, vor allem in Großbritannien, wo alles, was im nächsten Jahr erscheint, ein Flop wird.

Die Single *So Long* vom November 1974 landet nicht einmal in den Charts, während die Single *I Do, I Do, I Do, I Do, I Do* vom Juni 1975 bis auf Platz 38 klettert, bevor sie aus den Charts verschwindet. Im restlichen Europa hat ABBA immer noch Hits, aber die Botschaft der britischen Medien und Plattenkäufer scheint zu sein: »Herzlichen Glückwunsch zum Sieg beim *Eurovision Song Contest*, aber wir wollen eigentlich nichts mehr von euch hören.« Das ärgert die Band, insbesondere Björn und Benny, die Großbritannien als die Heimat der Popmusik betrachten. Schließlich kommen ihre Idole, die Beatles, von dort. Der Erfolg in Großbritannien ist zudem wichtig, wenn man auf anderen Märkten ernst genommen werden will. Björn behauptet, dass die Plattenfirma ihr schwindendes Vertrauen offen zeigen würde. Bei jedem neuen Besuch in Großbritannien werden die vier mit einem immer weniger schicken Auto ausgestattet und in einem immer weniger vornehmen Hotel untergebracht. Viele Jahre später sagt er: »Ich erinnere mich wirklich daran, dass wir gegen all die Kräfte kämpfen mussten, die in dieser Zeit versuchten, uns aufzuhalten.«

Während ABBA damit beschäftigt ist, die britische Ablehnung zu überwinden, ist das Interesse an ihrer Musik in einem anderen Teil der Welt gerade dabei, stratosphärische Ausmaße zu erreichen.

▼ ABBA tritt nach dem Gewinn des *ESC* in Hamburg im Mai 1974 deutschen Fernsehen auf.

WATERLOO

SEITE 1

Waterloo [schwedische Version]
Sitting in the Palmtree
King Kong Song
Hasta Mañana
My Mama Said
Dance (While the Music Still Goes On)

SEITE 2

Honey, Honey
Watch Out
What about Livingstone?
Gonna Sing You My Lovesong
Suzy-Hang-Around
Waterloo [englische Version]

Aufnahme: Metronome Studio, Stockholm, Schweden

Produktion und Arrangement: Benny Andersson und Björn Ulvaeus

Technische Leitung: Michael B. Tretow

Mitwirkende:
Agnetha Fältskog: Gesang
Anni-Frid Lyngstad: Gesang
Björn Ulvaeus: Gesang, Gitarre
Benny Andersson: Gesang, Keyboards
Christer Eklund: Saxofon
John »Rabbit« Bundrick: Keyboards
Janne Schaffer: Gitarre
Rutger Gunnarsson, Per Sahlberg: Bass
Ola Brunkert: Schlagzeug
Malando Gassama: Percussion
Sven-Olof Walldoff: Streicherarrangements

Cover:
Ron Spaulding: Layout
Ola Lager: Fotografie

Erscheinungsdatum: 4. März 1974 (GB: 17. Mai 1974, USA: Juli 1974)

Label: Polar POLS 252

Anmerkungen

Auf den internationalen Versionen des Albums fehlt die schwedische Version von *Waterloo*, und dafür wird die englische Version als Auftakt verwendet. In manchen Ländern erscheint »Waterloo« mit elf Titeln, während bei manchen *Ring Ring* der letzte Titel auf der zweiten Seite ist. In den meisten Fällen handelt es sich um die Originalversion des Songs von 1973, während in Nordamerika ein für dieses Gebiet produzierter Remix von 1974 zu hören ist.

ERFOLG IN AUSTRALIEN

ERFOLG IN AUSTRALIEN

Die Sendung *Top of the Pops* der BBC ist in Großbritannien mit ihrer seltsamen Zusammensetzung aus abwechslungsreicher Fernseh-Ästhetik, mal altbekannten Interpreten und mal provokanten neuen Pop- und Rocknummern ein fester Bestandteil der Popkultur. Zieht man den Erfolg des Formats in Betracht, ist es überraschend, dass nicht mehr Länder versucht haben, etwas Ähnliches zu machen. Und wenn sie es getan haben, hat es nicht die gleiche Wirkung erzielt.

In Australien gibt es eine bemerkenswerte Ausnahme. Dort wird 1974 die Sendung *Countdown* gestartet. In der sehr beliebten, von Ian »Molly« Meldrum moderierten Sendung werden Songs vorgestellt, die Hitpotenzial haben, und es wird ein Countdown der Top 10 der Woche gezeigt. Aufgrund der geografischen Lage Australiens kann sich *Countdown* jedoch nicht auf persönliche Auftritte von internationalen Stars verlassen. Daher enthält die Sendung unweigerlich einen hohen Anteil an sogenannten Promo-Clips, die in der MTV-Ära der 80er-Jahre als Videoclips bekannt werden.

Im Juli 1975 steigt *I Do, I Do, I Do, I Do, I Do* von ABBA in die unteren Ränge der australischen Charts ein. Bislang verläuft die Karriere der Band in Australien ähnlich wie in Großbritannien, wo sie mit *Waterloo* einen Top-10-Hit landet, seither aber nicht mehr viel Erfolg hat und wahrscheinlich nur als One-Hit-Wonder angesehen wird. Dieser neue Song hat jedoch etwas an sich, und als er in Brisbane bekannt wird, wollen ihn die Produzenten von *Countdown* in die Sendung aufnehmen. Man kontaktiert die australische Plattenfirma von ABBA, RCA, und fragt nach einem Promo-Clip. Den gibt es – und zwar nicht nur für diesen Song, sondern auch für drei andere aus dem aktuellen, den Namen der Band tragenden Album »ABBA«.

Die Band beginnt mit der Produktion von Promo-Clips aus reiner Not heraus, weil sie sich dadurch lange und beschwerliche Reisen in ferne Länder wie die USA ersparen will. Eine Reise zu Werbezwecken in ein europäisches Land ist eine Sache, aber alles, was darüber hinausgeht, erfordert einen größeren Aufwand. Außerdem erleben Agnetha und Björn einen Schock, als sie im April 1974 nach einer langen »Waterloo«-Promotour nach Hause kommen und ihre einjährige Tochter Linda sie nicht wiedererkennt. Agnetha ist von dieser Erfahrung besonders betroffen und erinnert sich, wie Linda »fremdelte und ängstlich stattdessen ihre Hände nach dem Kindermädchen ausstreckte.« Lindas Eltern

◀◀ Frida (links) und Agnetha (rechts) posieren mit einem Känguru in Australien, März 1976 (Seite 62).

◀ ABBA in London, 1975.

▶ ABBA bei einem Picknick in Schweden, 1974.

▶ Backstage bei einer Show in Kopenhagen, Dänemark, Januar 1975.

»Wenn man sich den Song anhört, wird man hören, dass es niemanden gibt, der einfach nur mitklimpert. Er ist extrem dicht arrangiert. Jeder spielt genau das, was er spielen soll.«

Benny

▶ Benny im Backstage-Bereich auf der *Folkpark*-Tour in Västervik, 1975.

▼ Lasse Hallström, der bei *ABBA – The Movie* Regie geführt hat.

schwören sich, in Zukunft nie länger als zwei Wochen zu verreisen. Für Agnetha wird der Konflikt zwischen dem Wunsch, bei ihren Kindern zu sein, und den Werbeverpflichtungen für ABBA nie ganz gelöst werden. Wie soll sie die Notwendigkeit, Werbung für die Musik von ABBA zu machen, mit dem Wunsch, in Schweden zu bleiben, kombinieren? Die Promo-Clips sind eine willkommene Lösung für das Problem. ABBA beauftragt den aufstrebenden Regisseur Lasse Hallström, diese Kurzfilme zu produzieren, angefangen mit *Waterloo* und *Ring Ring* im Sommer 1974. Mit wenigen Ausnahmen führt Hallström bei allen Videos für ABBA Regie. Obwohl ihm der kostenbewusste Stig Anderson nie ein großes Budget genehmigt, überwindet Hallström meist diese Beschränkungen und schafft es, mithilfe verschiedener filmischer Tricks und geschickter Schnitte visuelle Spannung zu erzeugen. Wie der Regisseur selbst zugibt, sehen die Clips heute ziemlich altmodisch aus, aber die meisten haben ihren eigenen Charme und wirken wie musikalische Postkarten aus den 70er-Jahren. Parallel zu seiner Arbeit für ABBA entwickelt sich Hallström zu einem der kommerziell erfolgreichsten Filmregisseure Schwedens. Der 1985 erschienene Film *Mein Leben als Hund* wird seine Eintrittskarte für eine Karriere in Hollywood werden.

Im Frühjahr 1975 hat Lasse Hallström Clips zu vier Songs des dritten Albums fertig: *Mamma Mia*, *SOS*, *Bang-a-Boomerang* und *I Do, I Do, I Do, I Do, I Do*. Diese werden nun an die *Countdown*-Leute geschickt, die zwar *I Do, I Do, I Do, I Do, I Do* mögen, aber von *Mamma Mia* noch mehr begeistert sind. Der Song ist eindeutig ein Ohrwurm, und der Clip zeigt Agnetha und Frida als zwei Püppchen in den glamourösen Kostümen von Owe Sandström – ein körpernaher Jumpsuit für Agnetha, ein gewagter Minirock aus aufreizend freizügigen Stoffstreifen für Frida –, während Björn und Benny im Hintergrund zufrieden auf der Gitarre und dem Klavier spielen. Was soll man daran nicht mögen?

Zu diesem Zeitpunkt plant Polar nicht, *Mamma Mia* als Single zu veröffentlichen. Nach dem positiven Feedback zu dem Clip zu *I Do, I Do, I Do, I Do, I Do* beschließt *Countdown*, *Mamma Mia* trotzdem zu zeigen. Die Reaktion ist überwältigend. Viele Australier strömen in die Plattenläden, um die Single *Mamma Mia* zu kaufen, nur um zu erfahren, dass sie nicht erhältlich ist. Polar sieht *SOS* als nächste ABBA-Single vor, aber nach einigen Diskussionen erhält RCA schließlich die Erlaubnis, *Mamma Mia* zu veröffentlichen. Was dann passiert, gehört zu den sensationellen Geschichten in der Musikgeschichte, ähnlich wie bei den Beatles, die 1964 die ersten fünf Plätze der US-Single-Charts belegen.

Im Oktober 1975, nach drei Monaten in den australischen Charts, erreicht *I Do, I Do, I Do, I Do, I Do* endlich die Chartspitze und bleibt dort drei Wochen lang, bevor der Song vom Titel *Mamma Mia* abgelöst wird, der sich unglaubliche zehn Wochen auf Platz 1 hält. In der Zwischenzeit erscheint *SOS* auch als Single, und nachdem sich das Stück mehrere Wochen auf Platz 2 gehalten hat, folgt es *Mamma Mia* auf Platz 1, wo es eine Woche lang bleibt. Insgesamt steht in 14 aufeinanderfolgenden Wochen eine ABBA-Single an der Spitze der Charts. Nur ein paar Monate zuvor schien die Band noch ein One-Hit-Wonder zu sein, und nun ist sie plötzlich größer als alles, was es zuvor in Australien gegeben hat.

Niemand kann zufriedenstellend erklären, warum ABBA vor allem in Australien so schnell so groß geworden ist. Die Nation gilt zu jener Zeit als ziemlich konservativ, und ABBAs harmloses Image von zwei Vorstadtpärchen mag dabei geholfen haben. Ein eingängiger Hit nach dem anderen, in rascher Folge als Single veröffentlicht, und die auffällige Präsentation bei *Countdown* haben sicherlich ihren Teil dazu beigetragen. Und schließlich haben Timing und Glück – weil Plattenfirma, Publikum und Medien zufällig beschließen, dass sie zur gleichen Zeit von derselben Sache begeistert sind – den Erfolg besiegelt.

Die drei Nr.-1-Singles sind auf dem dritten ABBA-Album enthalten, das einfach »ABBA« heißt und auch in Australien ein Riesenerfolg wird, wo es sich insgesamt elf Wochen auf Platz 1 hält. Im April 1975 in Schweden veröffentlicht, wird es auch im Heimatland von ABBA ein Riesenerfolg und bricht die Verkaufsrekorde, die »Waterloo« aufgestellt hat. Mit diesem neuen Album macht die Band weitere Schritte in Richtung des klassischen ABBA-Sounds, für den sie in Erinnerung bleiben wird. Björn singt nur bei zwei Songs die Leadstimme, während die Damen den Rest der Stücke übernehmen. So haben es die Bandmitglieder einstimmig beschlossen. Dennoch gibt es gelegentlich kleine Fehltritte, wie zum Beispiel den von Björn initiierten Versuch eines Funksongs, *Man In the Middle*. Wie Benny rückblickend feststellt: »Da ist überhaupt kein Groove drin, obwohl er da sein sollte.« Ein sicherlich vernichtendes Urteil für einen Funktitel!

Aber Meisterwerke wie *Mamma Mia* und *SOS* tragen wesentlich dazu bei, die kleinen Schwächen des Albums zu überdecken. In *SOS* überzeugt Agnetha mit ihrem Gesang und wird zur wichtigsten Repräsentantin für Herzschmerz und tiefe Verzweiflung in der Band. Es macht nicht viel aus, dass der Liedtext nicht sehr tiefgründig ist, denn Agnetha überzeugt mit ihrer Glaubwürdigkeit hinter jedem einzelnen Wort. *Mamma Mia* ist mit diesen

Polar
TILDELT ABBA
«ABBA»

»Der beste Popsong, der je geschrieben wurde.«

Pete Townshend über »SOS«

magischen kraftvollen gemeinsamen Hauptrollen der beiden Frauen vielleicht der Song, der die Schablone für ABBAs zukünftige Produktionsarbeit darstellt. Viele Jahre später hebt Benny hervor: »Wenn man sich den Song anhört, wird man hören, dass es niemanden gibt, der einfach nur mitklimpert. Er ist extrem dicht arrangiert. Jeder spielt genau das, was er spielen soll.« Auf früheren ABBA-Alben haben die Musiker größere Freiheiten gehabt, aber von diesem Moment an haben Björn und Benny die Zügel fester in der Hand. In Bennys Erinnerungen sind die Aufnahmen zu *Mamma Mia* eine Art »Heureka-Moment«, denn jeder Teil der musikalischen Konstruktion hat eine klar definierte Funktion.

Parallel zu ABBAs explosivem Aufstieg in Australien sehen die Dinge auch in Großbritannien viel besser aus, wobei der Absturz der Band nach der *Eurovision* dort ihr größtes Problem darstellt. Britische Kritiker bleiben 1975 weiterhin misstrauisch und brandmarken *I Do, I Do, I Do, I Do, I Do* als »so schlecht, dass es weh tut«, aber mit der Veröffentlichung von *SOS* im September geht es wieder aufwärts. Die Kritiken schwanken immer noch zwischen respektvoller Skepsis und definitiv negativ. Entscheidend ist jedoch, dass ABBA zum ersten Mal seit *Waterloo* einen Song hat, auf den das Publikum reagiert, ganz gleich, was die Kritiker sagen. *SOS* erreicht Platz 6, und etwas später bringt *Mamma Mia* die Band endlich wieder auf den ersten Platz. Auch die britische Musikpresse hat wohl erkannt, dass ABBA mehr ist als die übliche Eintagsfliege unter den *Eurovision*-Teilnehmern. Schließlich sind diese vier Schweden tatsächlich erfahrene Produzenten von qualitativ hochwertiger Pop-

◀ Björn und Agnetha mit Schallplatten zur Erinnerung an den Verkauf ihres dritten Albums »ABBA« in Kopenhagen, Mai 1975.

▲ Der bekennende ABBA-Fan Pete Townshend von The Who, 1975.

musik. Ihre Musikerkollegen sehen das ähnlich. Sogar ein Vollblutrocker wie Pete Townshend von The Who ist von *SOS* beeindruckt. Er sagt später zu dem verblüfften Björn, es sei »der beste Popsong, der je geschrieben wurde«, und lobt Björns Fähigkeiten im Lauf der Jahre in mehreren Interviews und Artikeln.

International läuft dieses ABBA-Album viel besser als die beiden vorherigen Alben, aber das ist alles gar nichts im Vergleich zur nächsten Veröffentlichung. Es beginnt in den Niederlanden, wo im August 1975 ein Kompilationsalbum mit dem Titel »The Best of ABBA« mit Ausschnitten aus den ersten drei Alben erscheint. In Westdeutschland erscheint das Album anschließend ebenfalls, während Frankreich mit einer ähnlichen Sammlung unter dem Titel »Greatest Hits« nachzieht. Als Importkopien von »The Best of ABBA« ihren Weg nach Schweden finden, veröffentlicht Polar im November 1975 im Eiltempo eine eigene Greatest-Hits-Sammlung. Etwa zur gleichen Zeit wird in Australien mit »The Best of ABBA« ein ähnliches Album veröffentlicht. Im Lauf des Jahres 1976 bringen Labels in vielen anderen Ländern ihre eigenen Versionen dieser Sammlungen heraus, die mit wenigen Ausnahmen die gleichen Titel enthalten.

Der Erfolg der Kompilationen »Greatest Hits / The Best of ABBA« ist schlichtweg außergewöhnlich. Viele der europäischen Veröffentlichungen landen ganz oben in den Charts. In manchen Ländern zählen sie sogar zu den meistverkauften Alben des Jahres 1976. Die australische Version von »The Best of ABBA« wird über eine Million Mal verkauft. Sie bricht somit alle vorherigen Rekorde. Als im Frühjahr 1976 die britische Version der »Greatest Hits« erscheint, wird sie ebenfalls zum meistverkauften Album des Jahres und schließlich zum zweitbestverkauften Album des Jahrzehnts, nur noch übertroffen von »Bridge Over Troubled Water« von Simon & Garfunkel. ABBA hat sich mit diesen Sammlungen als Band etabliert, die auch Alben verkaufen kann.

Die Verkäufe in Australien profitieren vom ersten Besuch der Band im März 1976. Die Promo-Clips, die solche Reisen überflüssig machen sollten, sind für ABBA ein Fehlschlag gewesen – sie sind zu einem solchen Phänomen geworden, dass RCA und alle anderen ihre persönliche Anwesenheit verlangen. Die Band stimmt schließlich zu, ein TV-Special mit dem Titel *The Best of ABBA* zu produzieren, das in Sydney aufgenommen wird. Bei einem Besuch in Melbourne wird die Band bei ihrer Ankunft von vielen Fans begrüßt. Agnetha und Frida werden ihre Freudentränen darüber wohl nie vergessen. Eine solche physische Manifestation der Bewunderung haben sie noch nie erlebt. Das TV-Special ist zwar eine ziemlich unspektakuläre Präsentation, aber den ABBA-süchtigen Australiern reicht die Tatsache aus, dass die Bandmitglieder so weit gereist sind, um nur für sie aufzutreten. Als die Sendung ausgestrahlt wird, bricht sie Berichten zufolge alle bisherigen Zuschauerrekorde und übertrifft sogar die Zuschauerzahlen der Mondlandung von 1969.

Einer der Songs aus dem TV-Special ist ABBAs brandneue Single *Fernando,* eine lateinamerikanisch angehauchte Ballade, von Frida gesungen. Der Song wird 1975 für Fridas Soloalbum »Frida ensam« (Frida allein) auf Schwedisch aufgenommen. Benny produziert das Album. Schon früh ist aber klar, dass der Song auch als ABBA-Song veröffentlicht werden soll. Stig Andersons schwedischer Originaltext über einen Mann und eine Frau mit gebrochenem Herzen, die sich gegenseitig trösten, wird durch die englische Interpretation von Björn ersetzt, in der das Paar auf die Zeit zurückblickt, in der es in der mexikanischen Revolution gekämpft hat.

Es überrascht nicht, dass auch dieser Titel einen Rekord aufstellt und 1976 14 Wochen in Folge auf Platz 1 in Australien steht, was nur von *Hey Jude* von den Beatles übertroffen worden ist. Mit sechs Millionen weltweit verkauften Exemplaren wird *Fernando* für den Rest der aktiven Karriere ABBAs erfolgreichste Single bleiben. Wie *Mull of Kintyre* von den Wings im darauffolgenden Jahr zieht dieser Song alle Generationen an. Er ist poppig genug für die Jüngeren, lehnt sich aber auch an die traditionelle Popmusik an, die den Großeltern vertraut ist.

Noch ein Jahr zuvor hatte es so ausgesehen, als ob ABBAs Erfolg auf eine Handvoll Länder in Europa beschränkt bleiben würde, da sie auf einem wichtigen britischen Markt nur als *Eurovision*-Verlierer angesehen wurden. Jetzt hat sich ihr Schicksal jedoch gewendet. Schon Mitte 1976 gehören die Mitglieder zu den größten Künstlern weltweit. Doch viele Kritiker bleiben skeptisch. Aber ABBA hat es geschafft, solche Hindernisse zu umgehen und den *Eurovision Song Contest* als Startblock zu nutzen. Jetzt ist jede neue Single, jedes neue Album eine große Neuigkeit, und die angenehm melodische und gut produzierte Musik spricht einen Großteil des Publikums an. Die Kritiker, die ABBA nicht mögen, spielen keine große Rolle, denn die Mehrheit des Publikums besteht nicht unbedingt aus Lesern des *New Musical Express.* ABBA ist bereits ein Riesenerfolg – und ist gerade dabei, noch viel größer zu werden.

▶ ABBA in Stockholm, April 1976.

ABBA

SEITE 1

Mamma Mia
Hey, Hey Helen
Tropical Loveland
SOS
Man in the Middle
Bang-a-Boomerang

SEITE 2

I Do, I Do, I Do, I Do, I Do
Rock Me
Intermezzo No. 1
I've Been Waiting for You
So Long

Aufnahme: Metronome Studio, Glenstudio und Ljudkopia Musikstudio, Stockholm, Schweden

Produktion und Arrangement: Benny Andersson und Björn Ulvaeus

Technische Leitung: Michael B. Tretow

Mitwirkende:
Agnetha Fältskog: Gesang
Anni-Frid Lyngstad: Gesang
Björn Ulvaeus: Gesang, Gitarre
Benny Andersson: Gesang, Keyboards
Janne Schaffer, Finn Sjöberg, Lasse Wellander: Gitarre
Rutger Gunnarsson, Mike Watson: Bass
Ola Brunkert, Roger Palm: Schlagzeug
Bruno Glenmark: Trompete
Ulf Andersson: Saxofon
Sven-Olof Walldoff: Streicherarrangements
Björn J:son Lindh: Streicher- und Bläserarrangements

Cover:
Ron Spaulding, Sten-Åke Magnusson: Layout
Ola Lager: Fotografie

Erscheinungsdatum: 21. April 1975
(GB: 7. Juni 1975, USA: 28. August 1975)

Label: Polar POLS 262

Anmerkungen
Laut dem Fotografen Ola Lager soll das Konzept der Hülle, das die ABBA-Mitglieder beim Champagnertrinken auf dem Rücksitz eines Rolls-Royce zeigt, ein ironischer Seitenhieb auf die heftige Kritik an der Band in Schweden sein, wo einige sie für den kommerziellen Antichristen halten.

GREATEST HITS

SEITE 1

SOS
He Is Your Brother
Ring Ring
Hasta Mañana
Nina, Pretty Ballerina
Honey, Honey
So Long

SEITE 2

I Do, I Do, I Do, I Do, I Do
People Need Love
Bang-a-Boomerang
Another Town, Another Train
Mamma Mia
Dance (While the Music Still Goes On)
Waterloo

Cover:
Rune Söderqvist: Layout
Hans Arnold: Zeichnung
Bengt H. Malmqvist: Fotografie

Erscheinungsdatum: 17. November 1975
(GB: 26. März 1976, USA: 24. August 1976)

Label: Polar POLS 266

Anmerkungen
Die vielen verschiedenen Alben mit den Titeln »Greatest Hits« oder »The Best of ABBA«, die 1975 veröffentlicht werden, enthalten eine Auswahl derselben 14 Songs. Als *Fernando* 1976 als Single erscheint, veröffentlichen manche Länder das Album neu und fügen diesen Titel hinzu. In Großbritannien und den USA erscheint »Greatest Hits« erst 1976. Daher ist *Fernando* dort von Anfang an auf der Tracklist.

6
10

DANCING QUEEN
AUF TOUR

DANCING QUEEN AUF TOUR

Der Musikjournalist David Hepwort stellt in seinem Buch *Nothing Is Real* 2018 eine Liste von fünf Songs vor, die auf Hochzeiten immer gut ankommen. Auf den Plätzen zwei bis fünf seiner Liste finden sich Up-Tempo-Nummern von Madonna, Bruce Springsteen, David Bowie und House of Pain. Und auf Platz Nummer 1 befindet sich natürlich *Dancing Queen* von ABBA. Hepworth stellt fest: »Es gibt niemanden in ihrer Gegend, der diese Aufnahme nicht liebt, und sie ist gerade so kitschig, dass die Männer sich einreden können, sie würden irgendwie satirisch dazu tanzen.«

Dancing Queen ist auf jeden Fall ein Song, der viele Leute garantiert auf die Tanzfläche bringt. Allerdings ist niemand davon mehr überrascht als Björn Ulvaeus selbst. Sein Kommentar dazu lautet: »Ich verstehe das eigentlich nicht, weil für mich der Song zu langsam für eine Disco-Nummer ist.« Damit hat er Recht. Das Tempo von *Dancing Queen* liegt bei etwa 100 bpm (Schlägen pro Minute), während ein idealer Tanztitel wohl mindestens 110 bpm haben sollte. Was die Leute auf die Tanzfläche lockt, ist eher das feierliche Gefühl des Songs und seine fröhliche Stimmung. Man möchte sich dazu bewegen und gleichzeitig den Refrain mitsingen. Schließlich geht es in den Texten um das Hier und Jetzt, darum, dem Alltag zu entfliehen und den Moment im Scheinwerferlicht der Tanzfläche zu genießen.

Als *Dancing Queen* im August 1976 als Single erscheint, ist bereits ein ganzes Jahr vergangen, seit die Aufnahmen zu dem Song begonnen haben. Die Produktion von *Dancing Queen* ist ein perfektes Beispiel für ABBAs Bemühungen, das Beste zu erreichen, was zum jeweiligen Zeitpunkt möglich ist.

»Es gibt niemanden in ihrer Gegend, der diese Aufnahme nicht liebt.«

David Hepworth

Die Geburt eines ABBA-Songs beginnt damit, dass Björn und Benny sich mit akustischer Gitarre und Klavier hinsetzen und versuchen, eine gute Melodie zu finden. Diese Sessions finden in der Regel in der Hütte auf der Insel Viggsö oder in den Wohnungen von Björn und Benny statt. Die beiden Songwriter verbringen Stunde um Stunde damit, sich Melodiefragmente vorzuspielen. Normalerweise dauert es Tage, manchmal Wochen, bis sie eine Melodie gefunden haben, mit der sie zufrieden sind. Während dieses Prozesses singen sie zufällige englische Sätze, die einfach die Melodie tragen sollen. Die Arbeitstitel der Songs stammen oft aus diesen vorläufigen Texten. *SOS* heißt zum Beispiel ursprünglich *Turn Me On*, während *The Story of My Life* in *The Winner Takes It All* umgewandelt wird. Im Fall von *Dancing Queen* lautet der Arbeitstitel zunächst *Boogaloo*.

Im nächsten Schritt gehen Björn und Benny ins Aufnahmestudio, immer noch ohne endgültigen Text. In diesem Stadium handelt es sich immer noch nur um eine Melodie. Zusammen mit Studiomusikern an Schlagzeug, Bass und E-Gitarre wird ein instrumentaler Backingtrack ausgearbeitet. Dabei durchlaufen die Melodien manchmal eine endlose Reihe von Arrangements. Ein und derselbe Song kann als Tango, Disco-Nummer, Ballade oder als Rocksong im Stil der 50er-Jahre ausprobiert werden. Entscheidend ist, dass nichts dem Zufall überlassen und dass nicht das erstbeste Arrangement umgesetzt wird.

◀◀ Die ABBA-Mitglieder winken den Fans bei ihrer Ankunft auf dem Tullamarine Airport in Melbourne, Australien, zu. 6. März 1977 (Seite 78).

◀ Agnetha beim ersten ABBA-Konzert in Großbritannien im Odeon Theatre in Birmingham, 10. Februar 1977.

Die Aufnahme eines Backingtracks dauert in der Regel einen Tag, und danach gibt es vielleicht noch ein paar Overdubs, meist mit Bennys Keyboards. In dieser Phase nimmt Björn eine grobe Abmischung des Backingtracks mit nach Hause und hört sie sich immer wieder an, um herauszufinden, wovon der Text handeln soll. Einmal erklärt er: »Ein Song oder ein Musikstück hat seine eigene Sprache und Geschichte. Das steckt irgendwo in ihm drin, man muss nur zuhören: ›Was sagt er mir?‹ Die Musik und der Text werden auf besondere Art und Weise zusammenpassen, wenn man das hinbekommt.« In der ersten Hälfte von ABBAs Karriere hilft Stig Anderson ihnen oft bei den Texten. Stig ist besonders gut darin, sich einprägsame Songtitel einfallen zu lassen. Von ihm stammt auch der Songtitel *Dancing Queen*, während der eigentliche Text von Björn verfasst worden ist.

Sobald der Text geschrieben ist, kommen Agnetha und Frida ins Studio, um den Gesang aufzunehmen. Beide sind jedoch keine Marionetten, die einfach nur tun, was man ihnen sagt. Sie wirken aktiv an der Ausarbeitung des Gesangs mit. Agnetha erklärt dazu: »Ich weiß, dass ich im Lauf der Jahre viele Ideen für Arrangements, Harmonien, Gimmicks und Lösungen für verschiedene Probleme beigesteuert habe.« Frida stimmt ihr zu: »Kreativität ist etwas, das sehr gut funktioniert, wenn man sich in einer Studioumgebung befindet. Wir haben zum Klavier mitgesungen oder manchmal auch zum Tonband mit dem Backingtrack. Wenn man die Melodie immer wieder hörte und daran arbeitete, kamen andere Dinge zum Vorschein, wie kleine Choransätze oder eine Antwort.« Die Aufnahme des Gesangs – sowohl der Leadparts als auch der endlosen Overdubs der Harmonieparts – dauert meist nur einen Tag. So unmöglich das auch klingen mag, die vier haben in so kurzer Zeit so viel schaffen können, weil Agnetha und Frida im Studio hart und energisch mitgearbeitet haben.

Wenn der Backingtrack, einige Overdubs und der Gesang fertig sind, muss geprüft werden, ob es irgendwelche »Löcher« im Klang gibt, die gefüllt werden können. Meist gibt es welche. Der Toningenieur Michael B. Tretow rauft sich vor lauter Frust die Haare, weil Benny immer wieder neue Ideen für Keyboard-Overdubs hat, wenn die 24 Tonspuren, die ihnen damals zur Verfügung stehen, schon lange gefüllt sind. Michael muss daher Spuren zusammenlegen. Aus den ursprünglichen acht Spuren für das Schlagzeug muss er durch Abmischen zwei oder drei machen, damit Platz für die Overdubs frei wird. Michael meint seufzend: »So ein Konzept wie ›fertig‹ oder ›vollständig‹ ist Benny völlig unbekannt. Wenn es nach ihm ginge, würde er ewig an einem Song arbeiten, weil er immer wieder neue Ideen hat.«

Die Overdubs werden oft parallel zur Abmischung gemacht, denn erst während der Zusammenführung der 24 Spuren zum Stereomaster wird deutlich, was in der Aufnahme fehlt. Die Bandmitglieder von ABBA schütteln ungläubig den Kopf über die vielen damaligen Kritiker, die davon überzeugt sind, dass die Band nach einer Art Formel arbeitet, obwohl das Songwriting und die Aufnahmen in Wirklichkeit intuitive Prozesse sind.

Trotz der ehrgeizigen Standards von ABBA wird *Dancing Queen* im Studio ungewöhnlich häufig überarbeitet. Die absteigenden Klavierakkorde im Intro des Songs, die heute ein fester Bestandteil der Aufnahme sind, werden beispielsweise erst sehr spät hinzugefügt. Außerdem beginnt *Dancing Queen* ursprünglich mit einer anderen Strophe, die komplett gestrichen worden ist. Die Strophe, die jetzt als erste Strophe zu hören ist – beginnend mit »Friday night and the lights are low« – ist ursprünglich viel später in der Aufnahme zu hören. Kein Wunder, dass die Fertigstellung von *Dancing Queen* etwa fünf Monate gedauert hat.

Dancing Queen hätte ungefähr zur gleichen Zeit wie *Fernando* veröffentlicht werden sollen, nämlich Anfang 1976, aber ABBA verzögert das Ganze bis August des Jahres und lässt *Fernando* zuerst in den weltweiten Charts auftauchen. In der Zwischenzeit wird *Dancing Queen* mehrmals im Fernsehen aufgeführt. Darunter befindet sich auch der wohl spektakulärste Auftritt am 18. Juni bei einer großen Gala in der Königlich Schwedischen Oper in Stockholm, dem Vorabend der Hochzeit von Schwedens König Carl XVI. Gustaf und der zukünftigen Königin Silvia Sommerlath. Auf einer Liste, die von Operninterpreten dominiert wird, ist ABBA die einzige moderne Popgruppe, die bei dieser prestigeträchtigen Veranstaltung auftritt. Der König selbst, als Junggeselle eher ein Nachtclubgänger und wohl nicht gerade ein Opernfan, bittet darum, dass ABBA bei der Gala auftritt.

Als *Dancing Queen* endlich veröffentlich wird, steht der Titel fast überall auf Platz 1 der Charts. Es ist fast einfacher, die Länder aufzuzählen, in denen er nicht erfolgreich ist. *Dancing Queen* ist ABBAs erster und einziger Chart-Hit in den USA, einem Land, in dem die Gruppe zwar mehrere Hits und anständige Albumverkäufe erzielt, aber nie den großen Erfolg erreicht hat, den sie anderswo genießt. Im Lauf der Zeit avanciert der enthusiastische Song *Dancing Queen* zu ABBAs berühmtestem Stück. Die Aufnahme steht als bestes Bei-

◀▲ Björn und Benny denken sich im Konferenzraum von Polar Music neue Songs aus.

▶▲ Frida und Agnetha proben *Dancing Queen* in der Königlich Schwedischen Oper vor einer Gala zur Feier der Hochzeit von Schwedens König Carl XVI. Gustaf und der zukünftigen Königin Silvia Sommerlath, Stockholm, 1976.

spiel für das Songwriting und die Produktionserfahrung von Björn und Benny, und nicht zuletzt für Agnethas und Fridas charakteristischen Gesang.

Die Single *Dancing Queen* liefert den ersten Vorgeschmack auf ABBAs viertes Album »Arrival«, das im Oktober 1976 erscheint. Auf der Single und dem Album taucht zum ersten Mal das ABBA-Logo mit dem spiegelverkehrten B auf. Das Logo hat Rune Söderqvist entworfen, der Mann hinter jedem ABBA-Albumcover, von den »Greatest Hits« von 1975 bis hin zu »ABBA Live« von 1986. Nachdem er verschiedene Varianten ausprobiert hat, findet er schließlich die richtige Lösung. Rune erinnert sich: »Plötzlich wurde mir klar: So muss es sein, das ist logisch – die beiden Paare gehören zusammen, und deshalb sollte jedes B einem A zugewandt sein.« Das Logo ist ungewöhnlich schlicht und übersichtlich und stellt Mitte der 70er-Jahre eine Anomalie dar. Langfristig hat sich dies jedoch als vorteilhaft erwiesen, da die klassische Form niemals unmodern werden sollte. Die vorherigen drei Alben zeigen eine Band auf ihrer Reise zu sich selbst, auf der sie herausfinden will, wer sie ist und wo ihre Stärken und Schwächen liegen. »Arrival« ist das erste ABBA-Album, das alle Qualitäten, für die wir die Band heute lieben, in sich vereint. Die Gruppe hat es aufgegeben, als reine Rockband überzeugen zu wollen. *Tiger* tendiert zwar in Richtung Rock, doch der Titel dient nur der Unterstützung des Pop-Charakters. Auch das Songwriting hat sich noch einmal deutlich verbessert. Es gibt einfach keine schwachen Tracks auf dem Album. Die Gruppe hat mehr Stunden als je zuvor im Studio verbracht und an jeder Aufnahme gefeilt, bis sie ihren Vorstellungen entsprochen hat.

▲ Björn mit dem Albumcover von »Arrival« und dem inzwischen bekannten ABBA-Logo.

▶ Frida, Björn und Agnetha (von links) auf der Bühne in Dänemark, Februar 1977.

»Plötzlich wurde mir klar: So muss es sein, das ist logisch – die beiden Paare gehören zusammen, und deshalb sollte jedes B einem A zugewandt sein.«

Rune Söderqvist

Das Album zieht schon mit den frischen Akustikgitarren aus dem fröhlichen *When I Kissed the Teacher* den Hörer in seinen Bann. Es enthält drei herausragende Singles: *Dancing Queen* und zwei von Frida gesungene Titel (das kabarettistische *Money, Money, Money* und den Scheidungsklassiker *Knowing Me, Knowing You* mit der bildhaften Beschreibung eines ruhigen Hauses, das einst von den Geräuschen spielender Kinder erfüllt war). Fast jeder Track auf dem Album hat Hitpotenzial.

Aber vielleicht fragt sich der Leser, was mit dem leichten, fröhlichen Song *Dum Dum Diddle* ist. Ist nicht allein der unsinnige Titel ein Beispiel dafür, dass mit ABBA etwas nicht stimmt? Die Antwort lautet: nicht notwendigerweise. Offensichtlich ist dem Texter Björn das Lied heute peinlich, denn er sagt: »Es hätte genauso gut ›Dumb Dumb Diddle‹ heißen können!« Frida bestätigt sein Gefühl und meint, es sei »ein dummes Lied; ich mag es nicht«. Doch obwohl der Titel einen oberflächlichen Beigeschmack hat, ist die Musik genauso fachmännisch produzierter, eingängiger Pop wie bei den anderen Stücken des Albums. »Arrival« ist damals schlichtweg die beste kommerzielle Popmusik, die man zu hören bekommt. Überall wird das Album ein großer Erfolg, in Großbritannien das am besten verkaufte des Jahres 1977.

Wie um ihre jüngsten Erfolge zu krönen, begeben sich ABBA im Januar 1977 auf eine triumphale Tournee, die erstmals auch durch Norwegen, Schweden, Dänemark, Westdeutschland, die Niederlande, Belgien und Großbritannien führt. Das letzte Mal, als die vier im November 1974 versucht hatten, das Publikum außerhalb der nordischen Länder zu begeistern, war die Erfahrung alles andere als triumphal. Die ursprünglich ziemlich ehrgeizige Reiseroute, die auch Großbritannien umfasste, hatten sie stark kürzen müssen – zum Teil, weil zu der Zeit ein Album aufgenommen wurde, aber vielleicht hauptsächlich, weil es noch nicht genug Nachfrage nach ABBA als Konzertattraktion gab. Eine Tour mit verschiedenen Terminen in Dänemark, Westdeutschland, Österreich und der Schweiz war damals geprägt von abgesagten oder nicht ganz ausverkauften Shows und einer

eher gedämpften Stimmung. Björn erinnert sich an die betreffende Tour als »völlig erbärmlich«.

Jetzt, zwei Jahre später, kann die Situation nicht unterschiedlicher sein. Für die beiden Londoner Auftritte im Februar 1977 wollte man eigentlich den Wembley Empire Pool buchen, aber da die vier von der Tournee 1974 gezeichnet sind, befürchteten sie, ihn nicht füllen zu können, und buchen stattdessen die viel kleinere Royal Albert Hall. Sie hätten sich keine Sorgen machen müssen, denn für die weniger als 12.000 verfügbaren Karten gibt es Berichten zufolge 3,5 Millionen Anfragen. Um die Nachfrage zu befriedigen, müssten ABBA fast 600 Konzerte an diesem Veranstaltungsort spielen. Die Tour selbst erhält gemischte Kritiken – einige finden sie ein wenig steril und mechanisch, und aufgrund ihrer Familienfreundlichkeit ist sie für einige nicht gerade das, was man von einem Rockkonzert erwartet – aber jede Show ist ausverkauft, und das Publikum ist begeistert.

Die schlichte Präsentation findet auf einer überwiegend weißen Bühne statt, die mit roten Rosen dekoriert ist. Die fantastischen Kostüme, die von Owe Sandström und seinem Partner, dem Schneider Lars Wigenius, entworfen worden sind, bestehen aus verschiedenen Kombinationen von Weiß und Gold. Dieses Farbschema basiert auf dem 25-minütigen »Mini-Musical« *The Girl with the Golden Hair*, das bei den Auftritten aufgeführt wird. Björn und Benny träumen schon lange davon, ein Musical zu schreiben. Da sie auf Tour gehen werden, bietet die Handlung, die sie sich ausgedacht haben – ein naives junges Mädchen, das für seine Gesangskarriere seine Heimatstadt verlässt, um dann festzustellen, dass es im Ruhm gefangen ist – einen flexiblen Rahmen für ein paar neue Songs. Agnetha und Frida spielen beide mit blonden Lockenperücken die Rolle des Mädchens.

Ob es klug gewesen ist, dieses leicht düstere und verstörende Werk inmitten einer Popmusik-Bühnenshow aufzuführen, bezweifelt Benny rückblickend. Er erzählt dem Autor Philip Dodd: »Ich vermute, dass die ganze Sache für die Zuschauer ziemlich seltsam war, denn Sie wollten einfach nur ABBA sehen.« Und er fügt hinzu, dass »es keine gute Wahl für eine Tour war«. Nichtsdestotrotz ist einer der beliebtesten ABBA-Songs, *Thank*

◀▲ Frida und Agnetha auf der Bühne der Royal Albert Hall in London am 14. Februar 1977.
▲ Björn spielt bei diesem Konzert unter anderem eine zwölfsaitige Ovation.

You for the Music, aus dem Mini-Musical hervorgegangen. Das Konzert bietet auch eine Auswahl von ABBA-Hits zusammen mit einer Reihe von Albumtiteln an, vor allem aus »Arrival«. Acht der zehn Songs werden auf der Tour gespielt.

Im März führt die Tour nach Australien. Die zwei Wochen, die die Gruppe auf dem Kontinent verbringt, sind in der Bandgeschichte einzigartig. Von dem Moment an, in dem ihr Flugzeug in Sydney landet, haben die vier keine ruhige Minute mehr. Viele Jahre später bestätigt Agnetha: »Die Tour durch Australien gehört zu den unglaublichsten Dingen, die ich mit ABBA erlebt habe. Es herrschte fiebrige Aufregung, es gab Hysterie, es gab Ovationen, es gab verschwitzte, besessene Menschenmassen.« In dem Jahr, das seit dem letzten Besuch in Australien vergangen ist, ist ABBA hier nur noch bekannter geworden. Die Fanartikelverkäufe sind explodiert, jede neue Single landet auf Platz 1, und ältere Singles – sogar B-Seiten früherer Hits – besetzen die oberen Regionen der Charts. Sie scheinen ständig im TV zu laufen. Einige sogenannte Specials werden eilig aus Promo-Clips zusammengeschustert und von oft nicht sehr inspirierten Moderatoren präsentiert.

Und in diese ausgelassene Stimmung geraten die vier bei ihrer Ankunft. Der Toningenieur Michael B. Tretow, der die Tour begleitet, erinnert sich: »Da war ABBA – ABBA – ABBA – überall. Es gab Bilder [...] an jeder Ecke, ganz gleich, wo man hinkam.« Tretow soll die Konzerte für ein mögliches Live-Album aufnehmen, aber auch für den Soundtrack eines Kinofilms, der das Abenteuer unter der Regie von Lasse Hallström dokumentiert.

Die Tournee als solche erlebt einen unheilvollen Start, als die erste Show im Sydney Showground vor mehr als 20.000 Zuschauern fast abgesagt werden muss, weil starker Regen die Freiluftbühne in eine Schlammwüste verwandelt. Aber das Konzert findet trotzdem statt, und

▲ Agnetha (l.) und Frida (r.) tragen lockige blonde Perücken und spielen während der ABBA-Show in der Royal Albert Hall ein Mini-Musical.

▶▲ Auf der Bühne des Apollo, Manchester, Februar 1977.

die Bühnenarbeiter – mit ihnen auch ABBA-Manager Stig Anderson – wischen verzweifelt das Wasser auf. Trotz der Gefahr eines Stromschlags auf der Bühne gibt es mit Ausnahme von Frida, die ausrutscht und sich einen Finger verletzt, niemanden, der zu Schaden kommt. Nach einem zweiten Auftritt am nächsten Tag unter trockeneren Bedingungen geht die Tour weiter nach Melbourne, wo die Band einen überwältigenden Empfang erlebt. Auf dem gesamten Weg vom Flughafen in die Stadt sind die Straßen von Menschen gesäumt, die der Gruppe zujubeln. Die vier werden direkt zu einem Empfang in der Melbourner Stadthalle gebracht, wo sie vom Balkon aus Tausenden von jubelnden Fans zuwinken.

Auf die Konzerte in Melbourne folgt ein Freiluftkonzert in Adelaide. Ein TV-Sender bringt jeden Tag, an dem ABBA in Australien ist, einen fünfminütigen Bericht über den Verlauf der Tour. In Verbindung mit der Show wird in den Stunden vor dem Konzert kontinuierlich live im Radio berichtet. Einige Journalisten sind mit einem Hubschrauber angereist, um über das Ereignis aus der Vogelperspektive zu berichten.

Die Truppe reist weiter nach Perth zu den letzten Shows der Tour. Um den allgegenwärtigen Fans und Medien zu entkommen und etwas Ruhe zu finden, fährt die Band mit einem Boot hinaus. Aber selbst auf hoher See sind die vier nicht allein. Ein Fernsehteam macht sie ausfindig, wofür es mit einigen peinlichen Aufnahmen belohnt wird, auf denen die ABBA-Mitglieder höflich auf unsinnige Fragen antworten.

Der Druck durch die Medien ist schon schlimm genug, aber die überwältigende Hysterie der Fans ist noch etwas ganz anderes. Je nachdem, welches ABBA-Mitglied man fragt, gehört das alles entweder zum Spaß an einem solchen Abenteuer oder es ist ausgesprochen schrecklich. Während Frida einige der Erlebnisse als »unangenehm« bezeichnet, hat Agnetha viel mehr zu diesem Thema zu sagen. »Manchmal war es furchtbar«, erzählt sie 1996 in ihren Memoiren *As I Am*. »Ich hatte das Gefühl, dass ich nie wieder wegkommen würde, wenn sie mich in die Finger bekämen. Es war, als würde ich erdrückt werden. Es kam vor, dass sie uns auf die unangenehmste Weise anfassten, und es gab Zeiten, in denen wir in Tränen ausbrachen, sobald wir in den Autos waren.«

Die Hoffnung, dass die abschließenden fünf Shows in Perth im überdachten Entertainment Centre weniger dramatisch ausfallen würden, wird bereits beim ersten Konzert zerschlagen. Es fehlen nur noch 30 Minuten bis zum Ende der Show, als der Veranstalter eine Bombendrohung erhält. Alle werden aus dem Gebäude geführt, und während Benny mit seinem Akkordeon und einigen Musikern das Publikum draußen unterhält – sie sind durch einen Zaun vom Publikum getrennt – wird das Gebäude durchsucht. Glücklicherweise erweist sich die Drohung als schlechter Scherz, und nach 20 Minuten gehen alle wieder hinein, um das Konzert zu beenden.

Bei dem anschließenden Heimflug sind die Gefühle der Bandmitglieder sehr unterschiedlich. Björn und Benny, die als Teenie-Idole der 60er-Jahre vielleicht eher an den intensiven Druck hysterischer Menschenmassen gewöhnt sind, nehmen es gelassen. Welche Unannehmlichkeiten sie in Australien auch erlebt haben, vor allem hat es ihnen Spaß gemacht. Bei den weiblichen Mitgliedern der Band, die als Leadsängerinnen im Mittelpunkt von ABBA stehen, sind die Gefühle gemischt. Frida hat sich von einer zurückhaltenden Solokünstlerin in eine Sängerin verwandelt, die es liebt, auf der Bühne zu stehen. Sie genießt die Aufmerksamkeit, so überwältigend und beängstigend sie auch manchmal sein kann. Bei Agnetha hat die Tour jedoch bleibende Spuren hinterlassen. 1996 erzählt sie der Autorin Brita Åhman: »Niemand, der schon einmal mit einer schreienden, kochenden, hysterischen Menge konfrontiert war, kann vermeiden, dass es ihm kalt den Rücken hinunterläuft. Es ist ein schmaler Grat zwischen ekstatischem Jubel und Bedrohung. Das kann sich blitzschnell ändern. Ich glaube nicht, dass man nach einer solchen Begegnung noch dieselbe Person sein kann. Das hat Auswirkungen auf deine Persönlichkeit. Etwas verändert sich in deinem Inneren, und das kann der Auslöser von Phobien sein.«

▼ Björn und Frida spielen *Why Did It Have to Be Me* während der ABBA-Tour durch Australien, 1977.

▶ Frida und Agnetha auf einem ABBA-Konzert in der Sidney Myer Music Bowl in Melbourne, März 1977.

ARRIVAL

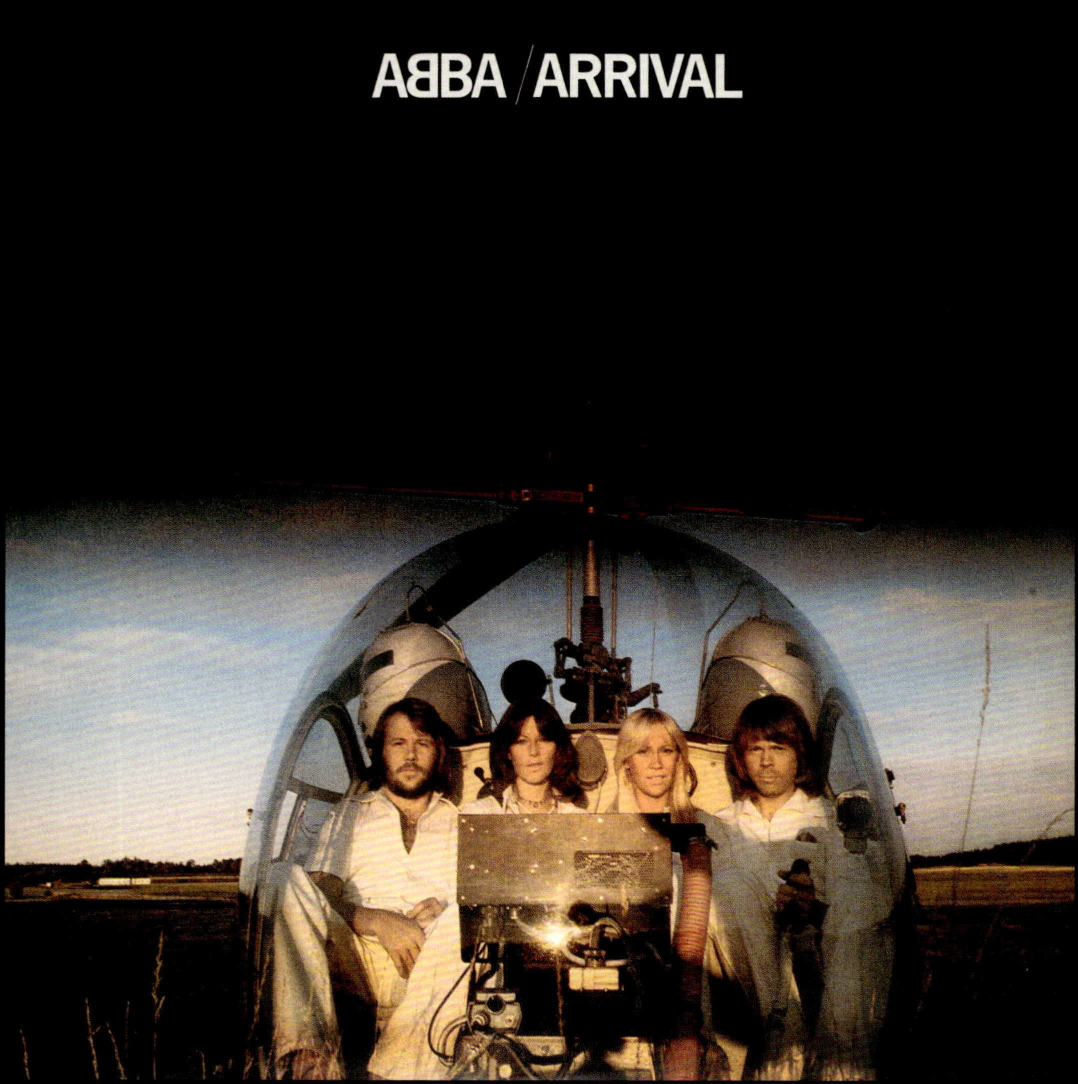

SEITE 1

When I Kissed the Teacher
Dancing Queen
My Love, My Life
Dum Dum Diddle
Knowing Me, Knowing You

SEITE 2

Money, Money, Money
That's Me
Why Did It Have to Be Me?
Tiger
Arrival

Aufnahme: Metronome Studio und Glenstudio, Stockholm, Schweden

Produktion und Arrangement: Benny Andersson und Björn Ulvaeus

Technische Leitung: Michael B. Tretow

Mitwirkende:
Agnetha Fältskog: Gesang
Anni-Frid Lyngstad: Gesang
Björn Ulvaeus: Gesang, Gitarre
Benny Andersson: Gesang, Keyboards
Janne Schaffer, Lasse Wellander, Anders Glenmark: Gitarre
Rutger Gunnarsson: Bass, Streicherarrangement
Ola Brunkert, Roger Palm: Schlagzeug
Lars O. Carlsson: Saxofon
Sven-Olof Walldoff: Streicherarrangement

Cover:
Rune Söderqvist: Layout
Ola Lager: Fotografie

Erscheinungsdatum: 11. Oktober 1976 (GB-Veröffentlichung: 5. November 1976, USA-Veröffentlichung: 4. Januar 1977)

Label: Polar POLS 272

Anmerkungen
Den Titel des Albums hat sich die Partnerin des Designers Rune Söderqvist, Lillebil Ankarcrona, ausgedacht. Sie findet, dass »Arrival« passend ist, da das Cover die Band in einem Hubschrauber zeigt. Das Instrumentalstück am Ende des Albums trägt denselben Namen. In Australien und Neuseeland wird der Song *Fernando*, der nicht auf der dortigen Kompilation »The Best of ABBA« enthalten ist, in der Tracklist zwischen *Why Did It Have to Be Me* und *Tiger* eingefügt.

ABBA
THE LARGEST SELLING GROUP
IN THE HISTORY
OF RECORDED MUSIC
ON ATLANTIC RECORDS AND TAPES

EIN FILM UND EINE SCHEIDUNG

EIN FILM UND EINE SCHEIDUNG

Björn Ulvaeus liegt im Sommer 1977 im Keller des Hauses, das er damals mit Agnetha teilt, auf dem Boden. Drei Jahre zuvor hatten die beiden ABBA-Paare den Vorort Vallentuna und die bürgerliche Reihenhaussiedlung verlassen und wohnen nun in nobleren Häusern auf der Insel Lidingö. Lidingö liegt vor den Toren Stockholms und ist bei Prominenten beliebt.

Björn wählt einen Raum im Keller aus, um sich ein wenig zurückzuziehen, denn er schreibt den Text für einen neuen ABBA-Song. Der betreffende Text ist für die mitreißende, von Frida gesungene Ballade *One Man, One Woman* gedacht, eins der Meisterwerke auf ABBAs neuem Album. Der Song schildert eine Ehe in Schwierigkeiten. Einige der zentralen Zeilen lauten »kein Lächeln, kein einziges Wort am Frühstückstisch« und »du gehst und schlägst die Tür zu«.

Björn behauptet immer, dass seine Texte nie wirklich autobiografisch seien. Aber vielleicht steckt in *One Man, One Woman* mehr als nur ein Körnchen Wahrheit. Wie er und Agnetha später enthüllen, ist ihre Ehe zu diesem Zeitpunkt starken Belastungen ausgesetzt. Ihre persönliche Entwicklung verläuft in unterschiedliche Richtungen, und so sehr sie auch versuchen, Gemeinsamkeiten zu finden, so wird es immer schwieriger, ihre Differenzen zu überwinden.

Als Agnetha Anfang 1977 mit ihrem zweiten Kind schwanger wird, hoffen die beiden, dass das dazu beiträgt, die Risse in ihrer Ehe zu kitten. Bezeichnend ist, dass *One Man, One Woman* auf eine recht optimistische Weise endet. Der Ehemann kommt von der Arbeit heim und das Paar beschließt, dass »unsere Liebe eine kostbare Sache ist / die den Schmerz und das Leiden wert ist / und dass es nie zu spät ist, sich zu ändern.« Genau so versuchen Agnetha und Björn, ihre eigene Ehe im realen Leben zu sehen.

◀◀ Die Musiker besuchen Los Angeles, um den ABBA-Monat zu feiern. 1978 (Seite 94).

◀ Frida, 1978.

One Man, One Woman ist ein Song auf ABBAs fünftem Album »ABBA – The Album«. Die Aufnahmen begannen Ende Mai 1977, nachdem sich die Band nach der Australien-Tour ein wenig ausgeruht hatte. Im Juni müssen auch einige Tage für die Fertigstellung des Films *ABBA – The Movie* eingeplant werden, der später im Jahr erscheinen soll. In Australien hat Regisseur Lasse Hallström wegen der chaotischen Tour nicht den Zugang zu ABBA gefunden, den er sich erhofft hat. Deshalb sind zusätzliche Dreharbeiten in Stockholm erforderlich, bei denen verschiedene australische Städte als Kulissen imitiert werden. Eine Szene, die die Band beim Lesen von Kritiken in einem australischen Hotelzimmer zeigt, stammt tatsächlich aus dem Stockholmer Sheraton Hotel.

Ursprünglich ist das Projekt als 16-mm-Dokumentation ihrer Tour für das Fernsehen gedacht, wird dann aber zu einem Panavision-Film für das Kino erweitert. Lasse Hallström meint, dass ein reiner Konzertfilm die Geduld selbst der eingefleischtesten ABBA-Fans auf die Probe stellen würde, also erfindet er eine Handlung mit einem unglücklichen Radio-DJ, der ABBA für ein Interview jagt. Es ist verständlich, dass der Regisseur dem Film eine Handlung hinzufügen möchte. Allerdings fällt es schwer, für den DJ Sympathie zu empfinden, während er die Band durch Australien jagt. Er wirkt sowohl selbstgefällig als auch ein wenig dumm, und man hat das Gefühl, dass das Publikum kaum Tränen vergießen würde, wenn er das ersehnte Interview nicht bekäme.

ABBA – The Movie feiert am 15. Dezember Weltpremiere in Sydney. Bei der Premiere ist auch Stig Anderson anwesend, der in Australien fast so bekannt ist wie die ABBA-Mitglieder selbst und ebenfalls von hysterischen Fans belagert wird. ABBA ist bei der Premiere am 26. Dezember in Stockholm anwesend. Die Kritiken fallen damals gemischt aus, aber mit dem Abstand von viereinhalb Jahrzehnten und wenn man den nervigen DJ ausblendet, ist der Film eine unschätzbare Dokumentation. Die Konzertszenen sind großartig und zeigen die Band als wirklich überzeugenden und mitreißenden Live-Act mit einer fantastischen Begleitband. Damit werden die Konzertkritiker Lügen gestraft, die die Bühnenshow als steril bezeichnet hatten.

»ABBA – The Album« erscheint zeitgleich mit dem Film und präsentiert eine Band, die anscheinend ambitioniert wirken will. Bis einschließlich »Arrival« haben die vier viel Kritik einstecken müssen. Die Melodien haben oft als zu leicht gegolten und die Texte als substanzlos, ob die Songs nun *King Kong Song*, *Bang-a-Boomerang* oder *Dum Dum Diddle* heißen. Björn nimmt sich die Kritik an den Texten zu Herzen und beschließt, dass

▼ Bei der Premiere von ABBA – The Movie in Stockholm, Dezember 1977.

▶ Amerikanisches Poster von ABBA – The Movie.

ABBA
THE MOVIE
FRONTSTAGE, BACKSTAGE & ON THE ROAD - TAKE THE TOUR
ABBA® THE MOVIE DIRECTED BY LASSE HALLSTROM•PRODUCED BY POLAR MUSIC INTERNATIONAL AB & REG. GRUNDY PRODUCTIONS PTY LTD.
ANNI-FRID LYNGSTAD•BENNY ANDERSSON•BJORN ULVAEUS•AGNETHA FALTSKOG•ROBERT HUGHES•TOM OLIVER•BRUCE BARRY•STIG ANDERSSON
MUSIC BY BENNY ANDERSSON STIG ANDERSSON BJORN ULVAEUS
PANAVISION® DISTRIBUTED BY WARNER BROS. A WARNER COMMUNICATIONS COMPANY
G GENERAL AUDIENCES

er sie auch als interessante Herausforderung betrachten könnte und nicht als lästige Pflicht, die man so schnell wie möglich hinter sich bringen muss.

»ABBA – The Album« markiert einen ziemlich dramatischen Wendepunkt in allen Bereichen. Teenie-Pop-Songs wie *When I Kissed the Teacher* auf »Arrival« werden durch philosophische Semi-Prog-Stücke wie das Album-Intro *Eagle* ersetzt. Die erste Singleauskopplung im Oktober 1977 ist das entspannte *The Name of the Game* mit einem ehrgeizigen sechsteiligen Aufbau. Die einzelnen Teile sind irgendwie miteinander verbunden und interagieren, was nicht zuletzt durch Agnethas und Fridas Gesang unterstützt wird. Die Sängerinnen tauschen in der einen Minute ihre Parts und in der nächsten blenden sie sich in den Gesang der jeweils anderen ein. Die drei Ausschnitte aus dem Mini-Musical, das Anfang des Jahres auf der Tour vorgestellt worden ist, deuten ebenfalls in die gleiche Richtung. ABBA scheint sagen zu wollen: »Schaut, wir haben Ambitionen, die über *Waterloo* und *Mamma Mia* hinaus gehen. Ihr habt vielleicht versucht, uns als Vertreter der einfachsten Popmusik abzutun, aber wir können auch ernst sein, wenn wir wollen.« Der Song, der ABBA-Fans am ehesten an den energiegeladenen Pop erinnert, in den sie sich zuerst verliebt haben, ist *Take a Chance on Me*, die zweite Single des Albums und, vielleicht bezeichnenderweise, der größte Hit. Der Titel bietet genau das, was die meisten Plattenkäufer von ABBA wollen. Nichtsdestotrotz wird »ABBA – The Album« zu einem großen kommerziellen Erfolg und erreicht fast überall Platz 1.

Eine bemerkenswerte Ausnahme stellt Australien dar, wo auf die verrückte Tour im März 1977 ein dramatischer Rückgang des Interesses folgt. *Knowing Me, Knowing You* wird im Rahmen der Tour als Single veröffentlicht und landet nach sechs aufeinanderfolgenden Nr.-1-Hits nur auf Platz 9. Da der Song bereits auf dem supererfolgreichen Album »Arrival« enthalten ist, ist das vielleicht nicht so überraschend. Aber als *The Name of the Game*, das damals noch auf keinem Album zu finden ist, später im Jahr 1977 veröffentlicht wird, landet der Song nur auf Platz 6 – und es hat bis dahin drei Monate gedauert.

◀ Björn, Agnetha und Frida bei der Premiere von ABBA – The Movie in London, 1978.

▲ ABBA und Keith Moon (Mitte), 1978.

Ebenso erreicht »ABBA – The Album« nur etwa zehn Prozent der Verkaufszahlen von »The Best of ABBA« und »Arrival«, und das Album klettert nie auf die Nummer 1. Vergleichbar ist der Absturz der Bee Gees in den USA ein paar Jahre später – auf zwei außerordentlich erfolgreiche Nr.-1-Alben (»Saturday Night Fever Soundtrack« und »Spirits Having Flown«) folgt »Living Eyes«, ein Album, das nicht über Platz 41 hinauskommt. Das Phänomen ist ganz einfach zu erklären: Die Australier sind mit ABBA überfüttert worden, und nach dem intensiven Wahnsinn der Tour haben viele von der Band genug. ABBA und Stig Anderson sind wegen der übermäßigen Präsenz besorgt und versuchen, dem ein Ende zu setzen, aber ihr Bemühen kommt zu spät. Während ihrer aktiven Jahre landen nie wieder ein Album oder eine Single von ABBA in Australien auf Platz 1.

▶ ABBA 1978 in Stockholm: Benny, Frida, Agnetha, Björn (von links).

»Wenn man feststellt, dass man alles durchgesprochen hat und trotzdem nicht zueinander durchdringt, dann muss man die Konsequenzen akzeptieren.«

Agnetha

Während der Zeit von »The Album« und »The Movie« wird das zweite Kind (Sohn Christian) von Björn und Agnetha geboren. Die Schwangerschaft verläuft kompliziert, und zunächst sieht es so aus, als ob die Veröffentlichung des Albums verschoben werden müsse. Agnethas Arzt meint nämlich, sie solle sich ausruhen und auf keinen Fall versuchen, hohe Töne im Studio zu singen. Die vier umgehen das Problem und bauen einen Lehnstuhl im Studio ein, sodass Agnetha ihren Gesang in entspannter Position halb liegend aufnehmen kann. Daran sieht man, wie wichtig der kommerzielle Aspekt geworden ist und wie viel investiert wird, damit »The Album« und »The Movie« gleichzeitig erscheinen können. Agnetha formuliert einige Jahre später: »Das war ABBA. Die Welt wartete auf ein neues Album.«

Nach der Veröffentlichung des Films und des Albums in Skandinavien und nachdem sie ein paar Monate mit Christian verbracht hat, beteiligt sich Agnetha an den Werbemaßnahmen für das Album, das im Januar oder Februar 1978 in den meisten Ländern veröffentlicht wird. Das spektakulärste Unterfangen ist die Werbekampagne, die darauf abzielt, ABBA in den USA so groß zu machen wie im Rest der westlichen Welt. Bisher hat die Gruppe eine Reihe von Top-20-Hits und mit *Dancing Queen* eine Nr. 1. Die Albumverkäufe sind zwar nicht schlecht, jedoch nicht auf dem hohen Niveau wie in den Ländern Schweden, Australien und Großbritannien. Diese Herausforderung muss angegangen werden.

Polar Music und Atlantic Records, ABBAs amerikanische Plattenfirma, investieren eine beträchtliche Menge Geld in eine fünfmonatige Werbekampagne, die Ende März beginnt. Mithilfe der Scotti Brothers, die als Promoter tätig sind, wird der Mai 1978 in den USA zum ABBA-Monat erklärt. Eine riesige Plakatwand wird am Sunset Strip in Los Angeles aufgestellt. Sie verkündet, dass ABBA »die meistverkaufte Band in der Geschichte der Musik« sei. Die Behauptung ist vielleicht nicht ganz richtig, aber sie klingt auf jeden Fall beeindruckend. Die vier verbringen einige Wochen in Los Angeles, hauptsächlich, um ein TV-Special mit dem Titel *Olivia!* aufzunehmen, in dem Olivia Newton-John die Hauptattraktion ist und ABBA und Andy Gibb die Nebenrollen spielen.

Das Ergebnis ist, dass der Song *Take a Chance on Me* Platz 3 der Billboard-Single-Charts erreicht, ABBAs beste Platzierung mit Ausnahme von *Dancing Queen*, und »ABBA – The Album« als erfolgreichstes Album

▲ Agnetha und Björn bekommen ihren Sohn Christian, 4. Dezember 1977.

▶ Frida (l.) und Agnetha (r.) bei den Proben für einen Auftritt in der westdeutschen TV-Show *Starparade*, Mai 1978.

der Band Platz 14 erreicht. Dennoch ist dies nicht der Nummer-1-Erfolg, den sich alle erhofft haben, und es ist fraglich, ob sich die in die Kampagne getätigten Investitionen auszahlen werden. Jerry Greenberg, der Chef von Atlantic, erinnert sich: »Es [das Album] hat den Rekord nicht so gebrochen, wie es sollte, wie es in jedem anderen Land der Fall war.«

Kurz vor Beginn der Kampagne startet ABBA mit den Aufnahmen des sechsten Studioalbums, das später als »Voulez-Vous« veröffentlicht wird. Es wird das bisher schwierigste Album werden. Unter dem selbst aufgebauten Druck, sich weiterzuentwickeln und voranzukommen, fällt es Björn und Benny schwer, Songs zu schreiben, die sich anfühlen, als gehörten sie auf ein Pop-Album der späten 70er-Jahre. Ihre Qualitätskontrolle in dieser Phase ist derart rigoros, dass manche Songs zwar fertig aufgenommen, dann aber verworfen werden, weil das Bauchgefühl sagt, dass mit ihnen etwas nicht stimmt. Man hofft, das Album noch vor Ende 1978 herauszubringen, aber die schwierigen kreativen Kämpfe und die Tatsache, dass sich die Bandmitglieder zum ersten Mal seit der Gründung von ABBA einen verlängerten Sommerurlaub gönnen, machen wenig Hoffnung, dass die Plattenläden das neue Album rechtzeitig zu Weihnachten anbieten können. Damals sagt Agnetha: »Wenn Björn nach Hause kommt, kann ich an seinem Blick ablesen, wie die Arbeit des Tages gelaufen ist.«

Es gibt noch andere Gründe, warum sie über den Blick ihres Mannes besorgt ist. Die Geburt von Wunschkind Christian hat nicht ausgereicht, um den Funken in Björns und Agnethas Beziehung neu zu entfachen. Das Paar sucht Hilfe bei einem Eheberater, der jedoch nur bestätigen kann, dass ihre Einschätzung über ihr gemeinsames Leben richtig ist. Björn erinnert sich: »Als ich merkte, dass ich abends nicht mehr nach Hause wollte und versuchte, das in der Hoffnung, dass Agnetha schon im Bett wäre, so lange wie möglich hinauszuzögern, da wusste ich, dass ich etwas unternehmen musste.« Agnetha sagt dazu: »Wenn man feststellt, dass man alles durchgesprochen hat und trotzdem nicht zueinander durchdringt, dann muss man die Konsequenzen akzeptieren.« Im Herbst 1978 treffen sie die Entscheidung, die Ehe zu beenden. Nach außen hin wahren die beiden jedoch noch einige Monate lang tapfer den Schein.

◀▲ ABBA mit Olivia Newton-John (vorn rechts), Andy Gibb (hinten links) und Regisseur Steve Binder (hinten Mitte) bei den Proben für das TV-Special *Olivia!* in Los Angeles, Mai 1978.

▲ Michael B. Tretow, Björn Ulvaeus, Bassist Rutger Gunnarsson, Schlagzeuger Ola Brunkert, Gitarrist Lasse Wellander und Benny Andersson (von links) während der Produktion von »Voulez-Vous«, 1978.

▶ ABBA in London, Dezember 1978.

Der Zufall will es, dass etwa zu der Zeit, als Björn und Agnetha beschließen, sich zu trennen, die andere Hälfte der Band endlich heiratet. Benny und Frida wollen schon lange heiraten – Frida hat sogar ein Hochzeitskleid für diesen Anlass genäht – aber ABBA ist ihnen in die Quere gekommen, und der richtige Zeitpunkt hat sich nie ergeben. Schließlich heiraten sie am 6. Oktober 1978 in einer schlichten, bescheidenen Zeremonie in einer Kirche auf Lidingö. In einem letztlich erfolgreichen Versuch, das Ereignis von den Medien fernzuhalten, findet die Zeremonie so geheim statt, dass nicht einmal Björn und Agnetha davon wissen und nur die Kinder des Paares und ihre Haushälterin anwesend sind. Am nächsten Tag geben Benny und Frida eine Party bei sich zu Hause, behaupten aber, dass sie ohnehin gefeiert hätten und dass dies nichts mit ihrer Hochzeit zu tun habe. Nach neun Jahren des Zusammenlebens ist die Heirat im Großen und Ganzen vielleicht keine große Sache mehr, aber natürlich ist die feierliche Bekundung ihrer Liebe trotzdem emotional wichtig. Frida meint: »Der Ring selbst hat keine besondere Bedeutung. [Aber] wenn man sich so nahe gekommen ist, nicht ganz ohne Anstrengung, fühlt es sich an wie ein schöner Feiertag. Ich war während der gesamten Hochzeitszeremonie sehr gerührt.«

Für das neue ABBA-Album liegt gegen Ende des Jahres, neun Monate nach Beginn der Aufnahmen, nur die Hälfte der benötigten Tracks vor. Davon sind drei in den letzten Monaten des Jahres aufgenommen worden. Nur ein paar Jahre vorher hätten die vier im selben Zeitraum zwei ganze LPs fertiggestellt. Die Veröffentlichung des

Albums kann daher unmöglich zu Weihnachten stattfinden und wird auf 1979 verschoben.

Zum Abschluss eines turbulenten Jahres verbringen Björn, Agnetha und ihre beiden Kinder den Heiligabend ein letztes Mal gemeinsam als Familie. Am folgenden Tag setzt Agnetha die Kinder in ihr Auto und fährt zu ihrem neuen Haus auf Lidingö. Nach zehn gemeinsamen Jahren, von denen sie acht verheiratet gewesen sind, beenden Björn und Agnetha ihr gemeinsames Kapitel im großen ABBA-Märchen.

◀▼ Agnetha und Björn in Stockholm, 1977.

▼ Frida und Benny treten in der französischen TV-Show *Les Rendez-vous du dimanche* auf, April 1978.

»Der Ring selbst hat keine besondere Bedeutung. [Aber] wenn man sich so nahe gekommen ist, nicht ganz ohne Anstrengung, fühlt es sich an wie ein schöner Feiertag. Ich war während der gesamten Hochzeitszeremonie sehr gerührt.«

Frida

ABBA – THE ALBUM

SEITE 1

Eagle
Take a Chance on Me
One Man, One Woman
The Name of the Game

SEITE 2

Move On
Hole in Your Soul
»The Girl with the Golden Hair« –
3 Scenes from a Mini-Musical
Thank You for the Music
I Wonder (Departure)
I'm a Marionette

Aufnahme: Marcus Music, Metronome Studio, Glenstudio, Stockholm, Schweden, und Bohus Studio, Kungälv, Schweden

Produktion und Arrangement: Benny Andersson und Björn Ulvaeus

Technische Leitung: Michael B. Tretow

Mitwirkende:
Agnetha Fältskog: Gesang
Anni-Frid Lyngstad: Gesang
Björn Ulvaeus: Gesang, Gitarre
Benny Andersson: Gesang, Keyboards
Janne Schaffer, Lasse Wellander: Gitarre
Rutger Gunnarsson: Bass, Streicherarrangements
Ola Brunkert, Roger Palm: Schlagzeug
Malando Gassama: Percussion
Lars O. Carlsson: Saxofone, Flöten

Cover:
Rune Söderqvist: Layout, Illustration
Björn Andersson: Illustration
Barry Levine: Fotografie

Erscheinungsdatum: 12. Dezember 1977 (GB-Veröffentlichung: 13. Januar 1978, USA-Veröffentlichung: 24. Januar 1978)

Label: Polar POLS 282

Anmerkungen
»ABBA – The Album« wird in Skandinavien gerade noch rechtzeitig vor Weihnachten veröffentlicht, aber in den meisten anderen Ländern wird die Veröffentlichung auf Anfang 1978 verschoben, damit das Album zusammen mit »ABBA – The Movie« und der Single *Take a Chance on Me* erscheinen kann.

EINE NOTLANDUNG IN DEN USA

EINE NOTLANDUNG IN DEN USA

Der Januar 1979 ist ein ereignisreicher Monat für ABBA. Kurz nach Neujahr müssen die vier nach New York City fliegen, wo sie an einer UNICEF-Gala teilnehmen sollen, mit der das Jahr des Kindes im Namen der Vereinten Nationen eröffnet wird. Die Gala, die am 9. Januar in der General Assembly Hall im Gebäude der Vereinten Nationen stattfindet, ist eine Initiative der Bee Gees, ihres Managers Robert Stigwood und des britischen Fernsehmoderators David Frost. Teil des Konzepts ist es, dass jeder der Teilnehmer die Tantiemen für den von ihm vorgetragenen Song an UNICEF spendet. Während die meisten Künstler ihre Spende zeitlich befristen, treten die ABBA-Mitglieder alle Rechte an ihrem Song auf unbestimmte Zeit ab.

Bei dem Song handelt es sich um *Chiquitita*. Die neue Single erscheint eine Woche nach der Gala. Für UNICEF erweist sich dieses Geschäft als besonders lukrativ, denn *Chiquitita* ist wohl einer der beliebtesten Songs der Band, fast gleichauf mit *Dancing Queen* und *Fernando*. Der Erfolg beruht nicht zuletzt auf einer spanischen Version, die ABBA im Frühjahr 1979 aufnimmt und die in Lateinamerika ein Riesenhit wird. Manche behaupten sogar, es sei hier der größte Hit seit 25 Jahren.

Ob auf Englisch oder Spanisch vorgetragen, *Chiquitita* ist in den meisten Ländern sehr erfolgreich. Zweifelsohne ist die Band erleichtert, da ihre letzte Single, der von den Bee Gees beeinflusste Titel *Summer Night City* vom September 1978, nicht ganz so erfolgreich geworden ist. Die Ballade *Chiquitita* entspricht eher den familienfreundlichen Songs im Stil von *Fernando*, die ein großer Teil des Publikums bevorzugt.

Die Veröffentlichung von *Chiquitita* fällt mit der Ankündigung von Björns und Agnethas Scheidung zusammen, die die beiden bei einem Interview mit einem vertrauenswürdigen Journalisten der schwedischen Zeitung *Expressen* aussprechen. In dem Interview betont das Paar, dass keiner der beiden einen anderen Partner kennengelernt habe, sondern dass der Grund unüberbrückbare Differenzen gewesen seien. Die Nachricht schlägt ein wie eine Bombe, denn das Image der Band ist vor allem darauf aufgebaut, dass die vier Mitglieder zwei glückliche Paare sind, die zusammen Musik machen. Agnetha entgegnet darauf: »Die ganze Sache mit dem ›idealen Image‹, dem ›Eheglück‹ und dergleichen ist von den Medien geschaffen worden. Zumindest sind es nicht wir ABBA-Mitglieder gewesen, die das gemacht haben. Wir waren so, wie wir sind, und jetzt gibt es eine Scheidung – auch das ist ein Teil unserer Realität.«

Aber wie kann die Gruppe ABBA nach der Scheidung überhaupt noch weitermachen? Björn und Agnetha erklären, dass sie zu dem Schluss gekommen seien, dass es keinen Grund gibt, etwas aufzugeben, das ihnen beiden so viel Spaß macht und das für sie so gut funktioniert hat. Wenn überhaupt, so behaupten sie, sei die Trennung für das Arbeitsumfeld von Vorteil. Später sagt Björn: »Die Spannungen, die es immer gab, wenn wir im Studio gearbeitet haben, sind nun weg. Heute kann ich Agnetha korrigieren und kritisieren, ohne darüber nachdenken zu müssen, dass sie meine Frau ist.«

Auch die öffentliche Aufmerksamkeit im Zusammenhang mit der Scheidung scheint ABBA nicht zu schaden. Im Gegenteil! Als das sechste Album »Voulez-Vous« am 23. April 1979 endlich erscheint, wird es ein Riesenerfolg. *Chiquitita* hat den lateinamerikanischen Markt erschlossen und das Album zu einem noch größeren Verkaufsschlager werden lassen. Das Gleiche gilt für

◀◀ ABBA in Paris, 1978 (Seite 112).

◀ ABBA mit John Denver (3. v. r.), Olivia Newton-John (2. v. r.) und Andy Gibb (rechts) bei der Generalversammlung der Vereinten Nationen in New York während der Aufzeichnung des NBC-TV-Specials *The Music for UNICEF*, Januar 1979.

»Vieles passiert auf der Bühne, im Studio und ganz privat auf einer rein emotionalen Ebene, und das scheint auf den Platten durch.«

Agnetha

Japan, wo ABBAs Erfolg in der ersten Zeit relativ gering gewesen ist. Stig Anderson erinnert sich später daran, dass man ihnen gesagt habe, sie könnten Japan unmöglich erobern, da ihre Musik für diesen Markt einfach nicht geeignet sei. Er beweist diesen Pessimisten das Gegenteil. Die Werbekampagne im Jahr 1978 beinhaltet im November eine zweiwöchige Japanreise. Dort treffen sich die ABBA-Mitglieder mit den Medien, nehmen ihr eigenes TV-Special auf und machen so viel Werbung wie möglich. In der Folge etabliert sich die Band auf dem japanischen Markt. »Voulez-Vous« wird hier ihr erstes Nummer-1-Album. So ist offenbar kein Winkel der Erde gegen den Charme der Gruppe immun.

Das Album »Voulez-Vous« ist in mancher Hinsicht ein Rückschritt für die Band. Vorbei ist es mit der Vielschichtigkeit von »ABBA – The Album« oder dem Mini-Musical, und zurück sind die intensiven Darstellungen von Herzensangelegenheiten. Manchmal wird die neue Platte wegen der vielen tanzbaren Stücke als Disco-Album angesehen. Allerdings gibt es kaum reine Disco-Kompilationen, die Stücke wie *Chiquitita* oder die Ballade *I Have a Dream* mit dem International School of Stockholm Choir enthalten. Die meisten Titel sind eher Up-Tempo-Nummern und/oder leicht funkig – dazu gehören Hit-Singles wie *Does Your Mother Know* und der Titelsong, dessen Backingtrack in Miami mit amerikanischen Disco-Musikern aufgenommen worden ist. Die Texte handeln von Flirts in Nachtclubs, verzweifelten Bitten um Zuneigung oder dem Preis, der zu zahlen ist, wenn Beziehungen scheitern.

Agnetha und Björn geben beide zu, dass ihre Eheprobleme die Songs auf dem Album geprägt haben. Agnetha meint: »Ich frage mich, ob die Platte nicht sogar deswegen besser geworden ist. Vieles passiert auf der Bühne, im Studio und ganz privat auf einer rein emotionalen Ebene, und das scheint auf den Platten durch.« Kurz nach der Veröffentlichung des Albums erklärt Björn, dass der Text des Stücks *If It Wasn't for the Nights*, in dem der Protagonist die Einsamkeit der Nacht nach einer Trennung unerträglich findet, in einer Zeit geschrieben worden sei, in der er sehr deprimiert und völlig fertig war. Ein paar Jahre später fügt er hinzu: »Ich bin sicher, dass [der Text] etwas war, das mich in einer einsamen Nacht überkam.«

Der Großteil des Albums wird in ABBAs brandneuem Polar Music Studio im Zentrum von Stockholm aufgenommen, das im Mai 1978 eröffnet wird. Björn, Benny und der Toningenieur Michael B. Tretow erstellen eine Wunschliste mit Geräten, Zubehör und Funktionen, die

▼ Frida auf der Bühne der Radio City Music Hall in New York City, 2. Oktober 1979.

▶▼ Agnetha beim gleichen Konzert.

sie in ihrem Traumstudio haben wollen, und nehmen die Dienste von erstklassigen Studiobauern in Anspruch. In deutlichem Kontrast zu den oft dunklen, beengten Räumen eines typischen Studios sind die Wände mit Tafeln dekoriert, auf denen weiße Wolken vor einem blauen Himmel zu sehen sind. Der Abmischraum, der normalerweise eher klein ist, soll geräumig sein. Schließlich verbringen Björn, Benny und Michael hier einen Großteil ihrer Zeit. Polar Music Studio ist schlicht und einfach die Verwirklichung eines lang gehegten Traums. Benny schwärmt: »Es macht Spaß, in diesem Studio zu arbeiten, denn dort gibt es wirklich alles.« Somit ist auch das Problem gelöst, genügend Studiozeit für die Ausarbeitung ihrer makellos produzierten Musik zu bekommen. Björn kommentiert: »Jetzt können wir uns im kreativen Prozess praktisch so viel Zeit nehmen, wie wir wollen – zum Beispiel den ganzen Tag für eine Intro-Sequenz.« Mit Ausnahme des Backingtracks für »Voulez-Vous« entstehen ab sofort alle Studioaufnahmen im Polar Music Studio. Da es auf dem neuesten Stand der Technik ist, zieht es im Lauf der Jahrzehnte auch viele andere internationale Künstler an. Bereits Ende 1978 nehmen die Heavy-Rock-Superstars von Led Zeppelin ihr letztes Studioalbum »In Through the Out Door« dort auf, und ein Jahr später nutzen Genesis die Räumlichkeiten für ihr Album »Duke«. Das Studio existiert bis 2004.

Im September 1979 startet ABBA die erste Tour durch Nordamerika. Die Amerikaner flehen die Gruppe schon seit einigen Jahren an, eine Tour durch die USA zu machen, denn nur so kann man das Land erobern. ABBAs fehlende physische Präsenz in Amerika hat bisher verhindert, dass die Gruppe auch diesen Markt wie zuvor Europa und Australien erschließen. Es ist eine Zwickmühle: Wenn die vier erfolgreich werden wollen, müs-

»Wenn ich dort stehe, bin ich völlig exponiert und offen. Ich drehe mein Innerstes nach außen, und mich selbst zu entblößen stört mich überhaupt nicht.«

Frida

sen sie auf Tour gehen, aber sie wollen nicht auf Tour gehen, bevor sie nicht erfolgreich geworden sind. Als die Nordamerika-Tour beginnt, hat ABBA eine Reihe von Top-20-Hits, ein paar Platin-Alben und mit *Dancing Queen* eine Single, die die Charts stürmt. Ein gewisser Erfolg ist also vorhanden, wenn auch nicht auf dem Niveau der australischen ABBA-Manie.

Allerdings wird die Tour eher ein kurzer Ausflug von wenigen Wochen, und nicht die notwendige Reise quer durch den riesigen Kontinent. Agnethas Entschlossenheit, nicht länger als ein paar Wochen am Stück von ihren Kindern getrennt zu sein, spielt dabei eine große Rolle. Allerdings ist in Wahrheit kein Bandmitglied besonders reisefreudig. Vor allem Björn und Benny sind in den 60er-Jahren viel in Schweden hin- und hergefahren und haben sich ihren Kick hauptsächlich durch das Schreiben und Aufnehmen von Musik geholt, nicht durch Auftritte auf der Bühne. Bei Frida sieht es vielleicht etwas anders aus: Von den vieren ist sie diejenige, die vor der Gründung von ABBA nicht ganz die gleiche Bewunderung genossen hat wie die anderen, und erst mit der Band hat sie wirklich Anerkennung als Bühnenkünstlerin gefunden. Ein paar Jahre vor der Tour durch Nordamerika überlegt sie: »Ich denke, es macht wirklich Spaß, auf der Bühne zu stehen. Dort erlebe ich die glücklichsten Momente meines Lebens. Wenn ich dort stehe, bin ich völlig exponiert und offen. Ich drehe mein Innerstes nach außen, und mich selbst zu entblößen stört mich überhaupt nicht. Ich fühle mich sicher, weil mir Spaß macht, was ich mache.«

Die Tour beginnt am 13. September mit einem Konzert in Edmonton, Alberta, Kanada, und führt durch andere kanadische Städte, bevor sie in die USA und dann zurück nach Kanada geht und am 7. Oktober in Toronto endet. Die Inszenierung ist das Ergebnis einer

◀ ABBA live in von Gletschern inspirierten Bühnenkostümen, entworfen von Owe Sandström, 1979.

Zusammenarbeit zwischen dem künstlerischen Leiter von ABBA, Rune Söderqvist, und dem Kostümbildner Owe Sandström. Die beiden entscheiden sich für ein eisiges Farbschema mit verschiedenen Schattierungen von Lila, Blau und Weiß, das auf ABBAs Herkunft aus dem Norden Europas anspielt. Söderqvist entwirft eine Bühnenkonstruktion, die Eisbergen nachempfunden ist, während Agnetha und Frida Elastan-Outfits tragen, deren diagonale Streifen von Gletscherflüssen inspiriert sind. Björn trägt ein körpernahes lila Outfit, während Benny eher locker in Blau und Weiß gekleidet ist.

Wie die meisten Bands auf Tour präsentiert auch ABBA Songs aus dem letzten Album. Alle Singles und ein paar LP-Tracks von »Voulez-Vous« werden gespielt. Ansonsten arbeiten sich die vier durch ihren seit 1975 mittlerweile beeindruckend umfangreichen Katalog von Hits und bekannten Albumtiteln, darunter auch *Mamma Mia*, einer ihrer größten Erfolge. Anfangs spielen sie *Waterloo* gar nicht, vielleicht weil der Song aus einer Phase ihrer Karriere stammt, die sie hinter sich gelassen haben. Aber im Verlauf der Tour wird der Titel in die Show aufgenommen und als »Golden Oldie« präsentiert.

Auch diesmal empfinden Kritiker und Publikum nicht immer das Gleiche, wenn sie ABBA live sehen. Während einige Musikjournalisten mit einer falschen Erwartung zum Konzert kommen und sich wohl ein Rockkonzert gewünscht haben, fällt die Resonanz der normalen Zuschauer deutlich positiver aus. Bei jedem Konzert der Tour wird ein Kinderchor aus der jeweiligen Stadt auf die Bühne geholt, um bei *I Have a Dream* mitzusingen – so wie es auch auf dem Album gemacht worden ist – und solche familienfreundlichen Elemente sind dem durchschnittlichen Rockkritiker der 70er-Jahre völlig fremd. Der Kritiker Jim Farber schreibt über das Konzert in New York: »Abba live zu sehen ist wie Fernsehen – es gibt eine minimale Andeutung von Handlung, aber es ist alles sehr distanziert und kompakt.« ABBA-Fans scheinen jedoch jede Sekunde zu genießen.

Für Agnetha ist die Tour von 1979 eine ausgesprochen gemischte Erfahrung. Einerseits lässt sie sich von der elektrischen Spannung auf der Bühne und der Liebe und Bewunderung des Publikums mitreißen. Andererseits geht es ihr zu Beginn der Tour menschlich nicht besonders gut, und sie möchte einfach nicht von ihren

Kindern getrennt sein. Viele Jahre später erzählt sie der Autorin Brita Åhman: »Ich weiß nicht, wie ich das geschafft habe. Die anderen befanden sich in einer anderen [Lebens-]Phase und hielten das besser aus. Sie hatten keine Kinder zu Hause, die gerade erst die Scheidung ihrer Eltern miterlebt hatten. Ich musste ständig mit einem schlechten Gewissen leben. Keiner hat verstanden, wie schmerzhaft das war. Es fällt mir immer noch schwer, darüber zu reden.« Agnethas und Björns sechsjährige Tochter Linda kommt zu Besuch, als die Gruppe in Kalifornien ist, und gibt sogar ihr Bühnendebüt während der Las-Vegas-Show. Die Möglichkeit, Zeit mit ihrer Tochter zu verbringen, ist ein Trost für Agnetha.

Doch kurz vor dem Ende der Tour kommt es fast zu einer Katastrophe. Am Mittwoch, dem 3. Oktober, fliegen die vier mit einem gecharterten Jet von New York nach Boston, wo sie am selben Abend einen Auftritt haben. Plötzlich verschlechtert sich die Wetterlage so sehr, dass sie nicht auf dem geplanten Flughafen landen können. Alle an Bord befürchten, dass das Konzert abgesagt werden muss. Für Agnetha, die unter Flugangst leidet, wird der Flug zu einem Albtraum. Als der Pilot merkt, dass der Treibstoff knapp wird, entscheidet er sich zusammen mit dem Co-Piloten für eine Notlandung, die sich jedoch als eine Herausforderung entpuppt. Agnetha erinnert sich: »Unser Leben war in höchster Gefahr – so fühlte es sich für mich an – mit Blitzen auf den Flügeln und ohne etwas sehen zu können. Alles war einfach nur schwarz, und das Flugzeug wackelte schrecklich. Ich habe zu Gott gebetet, dass ich nicht sterbe.«

Als das Flugzeug schließlich sicher landet, ist Agnetha wackelig auf den Beinen, schafft es aber, das Konzert in Boston hinter sich zu bringen. Doch danach holt sie das albtraumhafte Erlebnis ein. Als die Reisegruppe am nächsten Tag in Washington eintrifft, wird Agnetha krank und verbarrikadiert sich in ihrem Zimmer. Das Konzert in Washington wird abgesagt, die verbleibenden Termine müssen jedoch wahrgenommen werden. Das schreckliche Erlebnis im Flugzeug hat Agnethas Einstellung zu Tourneen nicht gerade verbessert.

◀ Agnetha schwimmt mit ihrer Tochter Linda während einer Pause der Nordamerika-Tour, September 1979.

▼ Björn spricht zur Presse, während er am Pool entspannt, September 1979.

▶ Björn und Agnetha auf der Bühne der Wembley Arena in London, 9. November 1979.

▼ Björn und Frida beim gleichen Konzert.

▶▼ Japan begrüsst ABBA, März 1980.

Nach etwa zehn Tagen in Stockholm startet ABBA zur zweiten Etappe der Tour, die diesmal nach Europa führt und Schweden, Dänemark, Frankreich, die Niederlande, Westdeutschland, die Schweiz, Österreich, Belgien, England, Schottland und Irland umfasst, wobei das letzte Konzert in Dublin am 15. November an Fridas 34. Geburtstag stattfindet. Im Gegensatz zu ihren Londoner Konzerten von 1977 müssen sich die vier diesmal keine Sorgen machen, dass die Hallen nicht ausverkauft sein könnten. Sie spielen sechsmal hintereinander in der ausverkauften Wembley Arena! Obwohl ABBA überall von den Fans belagert wird, verläuft die Europatournee ohne besondere Vorfälle, und alle Konzerte außer dem in Paris sind ausverkauft.

In Verbindung mit der Tour wird die neue Single *Gimme! Gimme! Gimme! (A Man after Midnight)* veröffentlicht. Sie erweitert die tanzbaren Stücke des Albums »Voulez-Vous« und lässt Sängerin Agnetha in die Rolle einer verzweifelten Frau schlüpfen, die sich nach nächtlicher Gesellschaft sehnt. Die Single ist vielerorts ein Hit – ABBAs größter Erfolg in diesem Jahr mit Ausnahme von *Chiquitita* – und der einzige neue Titel auf »Greatest Hits Vol. 2«, dem zweitem Album des Jahres. Da es nur ein paar Jahre nach der ersten Greatest-Hits-Sammlung erscheint, wirkt die Veröffentlichung etwas verfrüht, aber wir reden hier ja schließlich von ABBA. Tatsächlich ist jeder der 14 Titel auf dem Album in mindestens einem Land ein Top-5-Hit – mit Ausnahme von *I Wonder (Departure)*. Dieser Titel stammt aus »ABBA–The Album« und wird als Single nur als B-Seite von *The Name of the Game* in einer alternativen Live-Version veröffentlicht. »Greatest Hits Vol. 2« wird sehr erfolgreich und verkauft sich in Großbritannien bis Ende des Jahres mehr als eine Million Mal.

Auf das Ende der Europatournee folgt eine fast viermonatige Pause von der Konzertbühne, bevor am 12. März 1980 die dritte und letzte Etappe der Tournee in der berühmten Budokan-Arena in Tokio beginnt. Inzwischen ist ABBA in Japan so groß geworden, dass die Hysterie das gleiche Niveau erreicht hat wie überall. Bei der Ankunft auf dem Flughafen in Narita werden die vier von etwa 100 Fotografen empfangen, die versuchen, die Reihe von 200 Polizisten zu durchbrechen, die zum Schutz der Band eingesetzt sind. Im Hotel selbst können sie sich kaum aus ihren Zimmern wagen. Thomas Johansson, der Veranstalter der Tour, erinnert sich: »Wir

»Unsere Songs waren so straff konstruiert, und auf der Bühne versuchten wir, den Sound nachzubilden, den wir im Studio kreiert hatten, also waren wir wirklich eingeschränkt.«

Björn

hatten zwei Etagen, die extra für uns abgesperrt waren. Einmal versuchten Agnetha und meine Frau, ihre Zimmer zu verlassen, um etwas essen zu gehen, aber das erwies sich als unmöglich. Dann wollten sie die Sauna und den Spa-Bereich im Hotel benutzen, aber das war auch unmöglich. Schließlich musste der gesamte Bereich abgesperrt werden, damit sie sich überhaupt dorthin begeben konnten.«

Agnethas Tochter Linda kommt im Herbst 1980 in die Schule und Agnetha will unbedingt zu Hause sein, um ihre Tochter zu unterstützen. Daher müssen die Reisepläne stark eingeschränkt werden. Was die Konzertreisen angeht, so ist wohl mit Ausnahme von Frida niemand in der Band besonders scharf darauf. Mehrere Jahrzehnte später erzählt Björn dem Autor Philip Dodd: »Zu Beginn jeder Tour mit ABBA gaben mir die Auftritte immer noch den gewissen Kick, aber das ließ ziemlich schnell nach, und dann wurde es langweilig, nicht so sehr wegen der ständigen Ortswechsel auf Tour, obwohl das schon allein kompliziert ist, sondern eher, weil wir als Band immer das Gleiche zur gleichen Zeit machen mussten. [...] Unsere Songs waren so straff konstruiert, und auf der Bühne versuchten wir, den Sound nachzubilden, den wir im Studio kreiert hatten, also waren wir wirklich eingeschränkt.«

Das Aufnahmestudio ist das ständige Zuhause, und dort zu arbeiten, Stunden, Tage und Wochen damit zu verbringen, jeden einzelnen Song zu perfektionieren, ist der eigentliche Zweck der Band. ABBAs Auftritt am 27. März 1980 im Budokan sollte das letzte Konzert vor zahlendem Publikum werden.

◀ ABBA in Tokio, Japan, März 1980.

▶▶ ABBA tritt in Tokio vor 10.000 Fans auf, 13. März 1980 (folgende Doppelseite).

YAMAHA

VOULEZ-VOUS

SEITE 1

As Good as New
Voulez-Vous
I Have a Dream
Angeleyes
The King Has Lost His Crown

SEITE 2

Does Your Mother Know
If It Wasn't for the Nights
Chiquitita
Lovers (Live a Little Longer)
Kisses of Fire

Aufnahme: Marcus Music, Glenstudio, Polar Music Studio, Stockholm, Schweden, und Criteria Studios, Miami, Florida, Vereinigte Staaten

Produktion und Arrangement: Benny Andersson und Björn Ulvaeus

Technische Leitung: Michael B. Tretow

Mitwirkende:
Agnetha Fältskog: Gesang
Anni-Frid Lyngstad: Gesang
Björn Ulvaeus: Gesang, Gitarre, Banjo
Benny Andersson: Gesang, Keyboards
Paul Harris: Piano
Janne Schaffer, Lasse Wellander, Ish Ledesma, George Terry: Gitarre
Rutger Gunnarsson: Bass, Streicherarrangements
Arnold Paseiro, Mike Watson: Bass
Ola Brunkert, Joe Galdo, Rolf Alex: Schlagzeug
Malando Gassama: Percussion
Lars O. Carlsson, Halldor Pálsson, Johan Stengård, Kajtek Wojciechowski: Saxofone
Nils Landgren: Posaune
Jan Risberg: Oboe
Anders Eljas: Streicher- und Bläserarrangements
International School of Stockholm Choir, dirigiert von Kerstin Feist: Gesang

Cover:
Rune Söderqvist: Layout
Ola Lager: Fotografie

Erscheinungsdatum: 23. April, 1979 (GB: 4. Mai 1979, USA: 13. Juni 1979)

Label: Polar POLS 292

Anmerkungen
ABBAs Single *Summer Night City* aus dem Jahr 1978, die während der Aufnahmen zu »Voulez-Vous« entsteht, enthält ursprünglich ein Klavier-/Streicher-/Gesang-Intro, das für die Single-Veröffentlichung aus dem Stück herausgeschnitten wird. Die Langversion soll eigentlich auf dem Album »Voulez-Vous« erscheinen, bleibt aber bis zur Veröffentlichung der CD-Box »Thank You for the Music« aus dem Jahr 1994 unveröffentlicht.

GREATEST HITS
VOL. 2

SEITE 1

Gimme! Gimme! Gimme!
(A Man after Midnight)
Knowing Me, Knowing You
Take a Chance on Me
Money, Money, Money
Rock Me
Eagle
Angeleyes

SEITE 2

Dancing Queen
Does Your Mother Know
Chiquitita
Summer Night City
I Wonder (Departure)
The Name of the Game
Thank You for the Music

Cover:
Rune Söderqvist: Layout
Ola Lager: Fotografie

Erscheinungsdatum: 29. Oktober 1979
(GB: 26. Oktober 1979, USA: November 1979)

Label: Polar POLS 312

Anmerkung
Während es sich bei den meisten Titeln auf diesem Album um bekannte internationale Hit-Singles handelt, stellt *Rock Me* eine kleine Anomalie dar. Der Song taucht ursprünglich auf der B-Seite der australischen Single *I Do, I Do, I Do, I Do, I Do* auf, wechselt aber auf dem Höhepunkt der ABBA-Manie auf die A-Seite, was dazu führt, dass die Single erneut in den Charts auftaucht und einen beeindruckenden vierten Platz erreicht.

STEUERN UND INVESTITIONEN

STEUERN UND INVESTITIONEN

Zwischen dem Ende der ABBA-Europatournee im November 1979 und der Japantournee im März 1980 drehen die Bandmitglieder nicht gerade Däumchen. Der Aufschwung auf dem lateinamerikanischen Markt, der allein durch die Aufnahme von *Chiquitita* auf Spanisch erreicht wird, legt nahe, diese Strategie weiterzuverfolgen. Im August 1979, kurz vor der Tour durch Nordamerika, erhält der Song *I Have a Dream* einen spanischen Text und wird unter dem Titel *Estoy soñando* als Single veröffentlicht. Bei ausreichendem Erfolg soll ein ganzes Album auf Spanisch erscheinen.

Der neue Text stammt aus der Feder des RCA-Argentina-Mitarbeiters Buddy McCluskey und seiner Frau Mary. Im Januar 1980 trifft sich der Toningenieur Michael B. Tretow mit Agnetha und Frida in seinem Heimstudio, um den vorhandenen Backingtracks den neuen Gesang hinzuzufügen. Unterstützung erhalten sie von der in Schweden lebenden argentinischen Journalistin und Rundfunkmoderatorin Ana Martinez del Valle, die zunächst daran zweifelt, dass zwei skandinavische Sängerinnen mit spanischem Gesang überzeugen können. Aber sobald die beiden vor den Mikrofonen stehen, sind ihre Zweifel verflogen: »Was da passierte, war *Magia* – Magie! Das war so ein großer Unterschied, mit ihnen außerhalb des Studios die Texte durchzugehen und zu diskutieren und sie dann im Studio mit einer solchen Intensität singen zu sehen, dass sie auch zwei Latinas hätten sein können. Ich fand das außergewöhnlich.«

Das Album mit dem Titel »Gracias por la música« (*Thank You for the Music* auf Spanisch) wird ein Riesenerfolg. Drei Monate nach der Veröffentlichung hat es in Argentinien bereits vierfaches Platin erreicht. Es verkauft sich auch in vielen anderen lateinamerikanischen Ländern gut, erhält Platin und erreicht Platz 2 der Charts in Spanien. Es kommt sogar im ABBA-verrückten Japan in die Charts. »Gracias por la música« erscheint auch auf den meisten anderen Märkten als mittelpreisiges Album, das allerdings nicht stark beworben wird und daher keine großen Erfolge erzielt. Alles in allem hat sich das Abenteuer jedoch gelohnt, auch wenn die männliche Hälfte der Band auf Distanz geblieben ist. Benny gibt zu, dass er »das spanische Album nie gehört hat, außer um es zu genehmigen, als es fertig war.«

Während Agnethas und Fridas Arbeit an »Gracias por la música« beginnen Björn und Benny, Songs für das nächste ABBA-Album zu schreiben. Ein Jahr zuvor hatten sie versucht, bei einer Bahamas-Reise neue Impulse für ihr Songwriting zu bekommen. Hierzu mieteten sie ein Haus von Atlantic Records, der amerikanischen Plattenfirma der Band. Ihr Interesse gilt besonders zeitgenössischer Musik. Damals existiert kein kommerzielles Radio in Schweden, und Sveriges Radio überschüttet die Hörer nicht gerade mit zeitgenössischer Popmusik. Björn und Benny können sich natürlich alle Platten kaufen, für die sie sich interessieren, aber das Radio bietet mehr Abwechslung. Wenn man den Frequenzregler des amerikanischen Radios dreht, hört man Musik aus einer Vielzahl von Genres, von der man vorher gar nicht wusste, dass es sie gibt. Björn erinnert sich: »Wir schrieben, hörten Radio und schrieben weiter.«

Die Reise ist erfolgreich. Die beiden schreiben nicht nur den Titelsong von »Voulez-Vous« auf den Bahamas, sondern buchen auch einen Termin in den Criteria Studios in Miami und nehmen dort den Backingtrack auf. Nachdem sie Anfang Februar 1979 nach Hause zurückgekehrt sind, stellen sie die Hälfte aller Albumtitel in nur wenigen Monaten fertig, wohingegen sie für die erste Hälfte fast neun Monate gebraucht haben.

◀◀ Agnetha und Frida während des Fotoshootings zum Video und Album-Cover von »Super Trouper«, Oktober 1980 (Seite 132).

◀ ABBA in Schweden, Oktober 1980.

Erstaunlich ist, dass sie das Experiment im Januar 1980 wiederholen wollen. Diesmal reisen sie allerdings nach Barbados. Benny erinnert sich an ein Haus, das er zwei Jahre zuvor im Urlaub mit Frida auf der Insel gesehen hat. Sie selbst sind nicht dort gewesen, aber ein anderes Paar rund um eine erfolgreiche Band aus den 70er-Jahren: Paul und Linda McCartney hatten Benny und Frida eines Abends auf ein paar Drinks eingeladen, und das Zuhause des Ex-Beatles hatte einen ziemlichen Eindruck auf Benny gemacht. Er erinnert sich: »Es war ein wirklich schönes Haus. Es war wie ein Hotel, in dem man der einzige Gast ist. Es gab Angestellte, die für dich kochten und saubermachten.« Benny glaubt, dass dies als Kontrast zum kalten schwedischen Winter im Januar 1980 inspirierend sein könnte: »Ich dachte: ›Wir sollten dorthin fahren, um die Routine zu durchbrechen und uns für eine Woche oder so in einer netten Umgebung auf das Schreiben von Songs zu konzentrieren.‹«

Auf Barbados treffen Benny und Björn John Cleese und seine Tochter. Sie essen gemeinsam zu Abend, was für die beiden schwedischen Monty-Python-Fans eine große Freude ist. Während des Essens schlagen Björn und Benny vor, dass Cleese vielleicht das Drehbuch für ein von ihnen geplantes Musical schreiben könnte, das von einer Silvesternacht handelt. Cleese lehnt höflich ab, aber die ursprüngliche Idee ist in Form der nachdenklichen, von Agnetha gesungenen Ballade *Happy New Year* erhalten geblieben, die für das kommende Album aufgenommen wird. Dieser Song und mindestens ein weiterer entstehen in Barbados, bevor Björn und Benny Heimweh bekommen und nach Schweden zurückfliegen. Nichtsdestotrotz hat die Reise ihre Kreativität in Schwung gebracht, denn zwischen dem Beginn der ersten Sessions für das neue Album am 4. Februar 1980 und dem Ende eine Woche später, am 12. Februar, werden nicht weniger als fünf Backingtracks fertiggestellt – ein außergewöhnlicher Kontrast zu dem mühsamen Prozess bei »Voulez-Vous«.

Die Album-Sessions werden durch die Proben für die Tour und die Japantournee unterbrochen, die Ende März endet. Am 9. April kehrt die Band ins Polar Music Studio zurück, um mit den Gesangsaufnahmen für die neuen Songs zu beginnen.

Während die Dinge für ABBA als musikalische Einheit reibungslos zu laufen scheinen, gibt es hinter den Kulissen eine Menge anderer Dramen, hauptsächlich

geschäftlicher Art. Nach dem Tod von Bengt Bernhag, dem Mitbegründer von Polar Music, im Jahr 1971 wird Stig zum alleinigen Inhaber der Plattenfirma. Im April 1975 erwerben Björn und Benny über ihre eigene Firma Harlequin 50 Prozent von Polar Music. Ein paar Jahre später werden Agnetha und Frida ihrerseits zu gleichen Teilen Miteigentümer von Harlequin. Die vier ABBA-Mitglieder besitzen nun jeweils 12,5 Prozent von Polar Music, während Stig 50 Prozent hält. Etwa zur gleichen Zeit wird das Unternehmen umstrukturiert und firmiert fortan unter dem Namen Polar Music International.

Als Folge von ABBAs außerordentlichem Erfolg nimmt Polar Music immer mehr Geld ein. Gemessen in Prozent wird berichtet, dass die Gewinne von Polar sogar größer als die von Volvo seien. Diese Berichte werden dahingehend missverstanden, dass man denkt, Polar Music würde tatsächlich mehr Geld einnehmen als der Autohersteller. Dennoch sind die Gewinne von Polar groß, was sicherlich eine erfreuliche Entwicklung ist, aber auch ein Problem schafft: Was sollen die Anteilseigner mit ihrem neuen Reichtum anfangen?

In den 70er-Jahren müssen Großverdiener wie Stig und ABBA satte 85 Prozent Steuern zahlen. Also wollen sie ihre Gewinne investieren. Bis 1977 kümmert sich Stigs Frau Gudrun hauptsächlich um die finanziellen Angelegenheiten von Polar, obwohl sie mehr oder weniger Autodidaktin ist. Das Unternehmen investiert in Immobilien, aber als die Gewinne von Polar steigen, wird klar, dass professionelle Hilfe bei den Investitionen nötig ist. Gudrun kommentiert: »Ich weiß nicht, wie man das macht. Ich habe keine Ausbildung – ich bin Lehrerin für Webkunst.«

Ein weiteres Finanzproblem besteht darin, einen Weg zu finden, für die enormen Plattenverkäufe der Band im Ostblock korrekt bezahlt zu werden, da gesetzlich festgelegt ist, dass nur ein begrenzter Geldbetrag aus diesen Ländern herausfließen darf. Jemand hat die schlaue Idee, dass Tauschgeschäfte der richtige Weg sein könnten. Anstelle von Bargeld könnten Unternehmen, die sich im Besitz von Polar befinden, Tantiemen für Waren eintauschen, die aus dem Ostblock importiert und in Schweden und anderswo verkauft werden. Einige Jahre lang werden mehrere solcher Projekte durchgeführt, von denen sich jedoch nicht viele als besonders erfolgreich erweisen. Die vielleicht größte Katastrophe ereignet sich 1980, als Polar ein Unternehmen namens Pol Oil gründet und 55.000 Tonnen Rohöl auf dem Direktmarkt in Rotterdam kauft, mit der Absicht, es sofort und zu einem höheren Preis zu verkaufen. Aber die Dinge laufen nicht wie geplant. Das Öl lässt sich nicht verkaufen und Pol Oil ist schließlich gezwungen, es weit unter dem Kaufpreis zu verkaufen, was zu einem Verlust von 30 Millionen Kronen (damals circa 6,8 Millionen Euro) führt und sich direkt auf die persönlichen Finanzen der ABBA-Mitglieder und ihres Managers auswirkt. Im Juni 1980 stellt Pol Oil den Betrieb ein.

Natürlich sind nicht alle Investitionen desaströs, die Polar Music getätigt hat. Im Gegenteil, viele von ihnen sind sogar recht erfolgreich. So kaufen die Beteiligten zum Beispiel einen großen schwedischen Fahrradher-

◀ Agnetha und Björn bei den Dreharbeiten für das Happy-New-Year-Video, Oktober 1980.

▶ Der ABBA-Manager Stig Anderson und seine Frau Gudrun beim *Eurovision Song Contest* in Dublin, April 1981.

◀ Das Bild zeigt die Fahrradfabrik Monark in Schweden im Jahr 1958. Polar Music kauft das Unternehmen in den 80er-Jahren im Rahmen eines Steuervermeidungsprogramms.

▶ Björn mit seiner zweiten Frau Lena Källersjö, die er 1981 geheiratet hat.

steller namens Monark, nur um ihn für ein komplexes Steuervermeidungskonzept zu nutzen, doch beim Verkauf ist das Unternehmen in einem viel besseren Zustand als bei der Übernahme. Doch in den nächsten Jahren werden die Steuervermeidungsstrategien immer komplizierter, verselbständigen sich und finden ihren Weg in die öffentliche Berichterstattung über ABBA. Die geschäftlichen Aspekte sind etwas, worüber die Medien gern schreiben, und was nicht besonders gut für ABBAs Image ist, da solche Artikel den Eindruck erwecken, dass die vier nur wegen des Gelds Musik machen.

Ironischerweise befindet sich ABBA zur Zeit der Pol-Oil-Katastrophe in einer beeindruckenden kreativen Phase, in der alle vier Mitglieder in Höchstform sind. Ende Mai 1980 reisen Björn und Benny in ihre geliebte Songwriter-Hütte auf Viggsö, um weitere Titel für das neue Album zu schreiben. Als sie am 2. Juni nach Stockholm und in die Polar Music Studios zurückkehren, haben sie zwei absolute Highlights dabei, nicht nur für das Album, sondern für den gesamten ABBA-Kanon. Der erste Versuch trägt den Arbeitstitel *The Story of My Life*, und die vier setzen große Hoffnungen in ihn. Ein flotter Backingtrack im Vier-Viertel-Takt mit akzentuierendem Händeklatschen wird auf Band aufgenommen. Als die beiden Songwriter auf dem Heimweg im Auto den Rohmix anhören, gefällt ihnen zwar der Sound, aber sie finden ihn nicht so großartig, wie er sein sollte. Björn erinnert sich: »Es war ein wichtiger Song und wir wollten sicherstellen, dass wir ihn nicht ›verlieren‹ würden.«

Vier Tage später unternehmen die vier einen neuen Versuch. Zwischen dem ersten Backingtrack und der neuen Session hat Benny einige Klavierpassagen entwickelt, die im Intro des Songs und dann regelmäßig während der gesamten Aufnahme zu hören sind. Außerdem vermittelt die neue Version ein lockereres, eher fließendes Gefühl. Mit diesem neuen Arrangement fühlen sich die Songwriter ein wenig in einen französischen Chanson versetzt, was Björn dazu veranlasst, Demo-Gesang aufzunehmen, der aus zufälligen französischen Phrasen besteht. Da die Band auf jedem Album mindestens einen von Björn gesungenen Song haben möchte, wird vorgeschlagen, dass er diesen Song übernehmen soll. Glücklicherweise wird die Idee schnell verworfen, und der Song wird stattdessen Agnetha übergeben.

Björn nimmt ein Band mit dem neuen Backingtrack mit nach Hause und macht sich daran, den Text zu schreiben. Er hört das Band immer und immer wieder, öffnet eine Flasche Whisky und nimmt »ein paar große Schlucke«, wie er sich erinnert. In diesem leicht beschwipsten Zustand kommen die Worte nur so über ihn, und er benötigt weniger als eine Stunde, bis der Text komplett fertig ist. Er erinnert sich: »Betrunken schreiben klappt nie, weil man denkt, es ist wunderbar, aber am nächsten Tag findet man es schrecklich, aber dieses Mal hat es funktioniert.« Als er Papier und Stift beiseite legt, heißt der Song *The Winner Takes It All*.

Als Agnetha ins Studio kommt, um den Gesang aufzunehmen, zeigt Björn ihr den Text. Als sie ihn liest,

»Betrunken schreiben klappt nie, weil man denkt, es ist wunderbar, aber am nächsten Tag findet man es schrecklich, aber dieses Mal hat es funktioniert.«

Björn

»kommen ihr ein oder zwei Tränen«, erinnert er sich später. Liegt das daran, dass der Text wörtlich wiedergibt, was Björn und Agnetha in ihrer Ehe widerfahren ist? Die beiden Geschiedenen widersprechen. Bei der Trennung ihrer Ehe soll es nicht um Gewinner oder Verlierer gegangen sein, sondern einfach um das traurige, aber unvermeidliche und einvernehmliche Ende einer Beziehung, die ihren Reiz verloren hat.

Es steckt jedoch auch eine Wahrheit im Text. Der Texter Björn gesteht später: »Das Thema Scheidung oder Trennung war in meinem Kopf – die Ängste, die mit dieser Situation verbunden sind.« Und aus der Sicht von Sängerin Agnetha hallen einige Zeilen vielleicht stärker nach als andere. In der Silvesternacht 1978, nur eine Woche, nachdem Agnetha am ersten Weihnachtstag das Haus verlassen hat, beginnt Björn auf einer Party von Benny und Frida eine Beziehung mit Lena Källersjö. Obwohl Agnetha nicht verlassen worden ist, da auch sie die Scheidung gewollt hat, muss sie sich doch fragen, ob Lena Björn geküsst hat, »wie ich dich geküsst habe«, wie es im Liedtext heißt.

Abgesehen von diesem Bezug zum echten Leben beschreibt *The Winner Takes It All* sehr treffend und unverblümt die emotionalen Folgen des Endes einer Beziehung. Agnethas stimmliche Leistung ist ihre bisher beste, und die Einfachheit des Songs – nur zwei Melodielinien wiederholen sich im Lauf des Stücks immer wieder – in Verbindung mit den subtilen Veränderungen im Arrangement und den emotionalen Schwankungen im Text machen ihn zu einem Meisterwerk des Songwritings und der Produktion eines Popsongs. Agnetha erzählt später: »Ich höre ihn, wenn mein Selbstwertgefühl am Boden ist. Dann kann ich mir auf die Schulter klopfen und sagen: ›Das hast du gut gemacht.‹« Als Single im Juli 1980 veröffentlicht, bringt *The Winner Takes It All* ABBA zum ersten Mal seit mehr als zwei Jahren wieder auf Platz 1 in Großbritannien, und der Song wird der letzte Top-10-Hit in den USA. Heute wird der Song meist als einer der besten von ABBA angesehen.

Der zweite Song, der zu dieser Zeit im Studio aufgenommen wird, erscheint nie als A-Seite einer Single und wird daher kein weltweiter Hit. Aber er ist nicht weniger attraktiv. Die Mid-Tempo-Nummer *Our Last Summer* wird zwischen den beiden Versionen von *The Winner Takes It All* aufgenommen. Sie zeichnet sich durch eine meisterhafte Gesangsleistung von Frida aus, die Agnetha in nichts nachsteht. Der Text hat ebenfalls einen Bezug zu einem persönlichen Erlebnis von Björn. In den 60er-Jahren besucht er als Teenager ein Mädchen aus seiner Heimatstadt, das als Au-pair-Mädchen in Paris arbeitet. Er erzählt dem Autor Philip Dodd: »In Schweden hatten wir keine romantische Beziehung, aber Paris hat diese Wirkung auf Menschen, und so war es auch bei uns beiden. Sie hat mir zwar das Quartier Latin, die Champs-Élysées und den Eiffelturm gezeigt, aber um ehrlich zu sein, erinnere ich mich nicht wirklich an Paris. Ich erinnere mich vor allem an sie!« Der nostalgische Unterton des Songs spiegelt das wider. Er löst bei Björn die Erinnerung an seinen, wie er es wehmütig nennt, »letzten unschuldigen Sommer« aus.

Frida übernimmt die Leadstimme und schafft es, Björns Geschichte zu ihrer eigenen zu machen. Während Agnetha in *The Winner Takes It All* melodramatisch wird, drückt Frida sowohl ihre Freude über die Liebe aus, die sie in Paris erlebt, als auch das wehmütige Bedauern darüber, dass all dies nun in der Vergangenheit liegt. Ein ergreifender Moment in der zweiten Strophe fängt diese Dualität perfekt ein. Bei den Zeilen »I was so happy we had met / it was the age of no regret / oh yes« klingt Frida bei dem »oh yes« ein wenig gequält, als ob sie gleich in Tränen ausbrechen würde und sich schon im Klaren ist, dass es viel zu bereuen geben wird. Mit anderen Worten, in dem bejahenden »Oh Yes« ist bereits ein »Oh No« inbegriffen.

The Winner Takes It All und *Our Last Summer* sind nicht nur zwei Beispiele für die außergewöhnliche handwerkliche Leistung der Band, sie unterstreichen auch die unterschiedlichen Stärken der Sängerinnen. Ironischerweise äußert Frida, wie sehr sie *The Winner Takes It All* liebt, während *Our Last Summer* eins von Agnethas Lieblingsliedern ist.

Ende September 1980 ist ABBAs neues, noch unbetiteltes Album mehr oder weniger fertig, und es wird höchste Zeit, ein Cover zu gestalten. Agnetha, Björn, Benny und Frida sind jetzt Superstars, die es sich leis-

ten können, verschwenderisch zu sein, wenn sie wollen. Und so arbeiten sie zusammen mit ihrem bewährten Albumdesigner Rune Söderqvist ihr bisher ehrgeizigstes Coverkonzept aus. Der genaue kreative Prozess ist nicht überliefert, aber sie wollen das Albumcover auf dem Londoner Piccadilly Circus fotografieren, und ABBA soll von einer echten Zirkustruppe umgeben sein. Söderqvist fliegt nach London, um alle notwendigen Vorkehrungen zu treffen, muss aber bald feststellen, dass sie die Idee aufgeben müssen. Es stellt sich heraus, dass die örtlichen Vorschriften das Tragen von »lustigen Kostümen« im West End verbieten, um Werbeaktionen der vielen Theater und anderer Veranstaltungsstätten in der Gegend zu verhindern. Stattdessen wird ein Stockholmer Filmstudio angemietet, und eine große Anzahl von Freunden und Bekannten sowie echter Zirkusartisten versammelt sich, um ein leicht surreales Spektakel zu erschaffen.

In diesem Rahmen wird schließlich auch der Titel für das Album gefunden. Die vielen Scheinwerfer im Studio erinnern Björn und Benny an die gigantischen Scheinwerfer, die bei Stadionshows zum Einsatz kommen und die unter der Bezeichnung »Super Trouper« bekannt sind. Aber »Super Trouper« passt nicht nur gut als Name für das Album, sondern auch perfekt zum Refrain eines brandneuen Songs, den sie am Tag der Fotosession in den Polar Music Studios aufgenommen haben. Der von Frida gesungene Song *Super Trouper* wird die neue Single der Band – ihre neunte und letzte Nr. 1 in Großbritannien. Sie erscheint zeitgleich mit dem Album.

Für Björn, Benny und den Toningenieur Michael B. Tretow ist »Super Trouper« das überzeugendste Album von ABBA. Das ist leicht nachzuvollziehen, denn Björn und Benny sind anspruchsvoll, haben erwachsene Ideen und streben nach musikalischer Perfektion, wobei sie alles fest im Griff haben und die meisten Unebenheiten akribisch ausbügeln. Bennys hochmoderner Yamaha-GX-1-Synthesizer, den er im Vorjahr bei den »Voulez-Vous«-Sessions erworben hat, dominiert den Sound von »Super Trouper«, und das einzige Stück mit echten Streichern ist *The Winner Takes It All*. Die Streicherklänge in *Happy New Year* werden dagegen vom GX-1 erzeugt.

Für diejenigen, die ABBAs Unebenheiten mögen, ist das Album vielleicht ein bisschen zu ausgereift und zu glatt poliert. Mit Ausnahme von *The Winner Takes It All* und dem großartigen Elektro-Disco-Stück *Lay All Your Love on Me* ist von der unerbittlichen Verzweiflung, die das Album »Voulez-Vous« geprägt hat, wenig zu spüren. *On and On and On* handelt von skurrilen High-Society-Flirts und will ursprünglich ein Rocksong werden, aber mit Bennys GX-1, der erfolglos versucht, wie eine E-Gitarre zu klingen, wird die Aufnahme vielleicht ein wenig zu glatt. Benny selbst bedauert später, dass es nicht mehr echte E-Gitarren auf dem Stück gibt.

Die meisten Plattenkäufer scheinen ABBA aber genau so zu wollen, denn das Album verkauft sich weltweit millionenfach. Allein in Großbritannien gibt es mehr als eine Million Vorbestellungen, und in neun Ländern landet das Album auf Platz 1. ABBA scheint nicht mehr aufzuhalten zu sein, und die Gruppe wird immer größer und größer.

◀▼ Die Aufnahmen zu *Our Last Summer*, Juni 1980.
▼ Björn und Benny mit Rune Söderqvist.
▶▶ Beim Fotoshooting zum Cover von »Super Trouper«, 1980 (folgende Doppelseite).

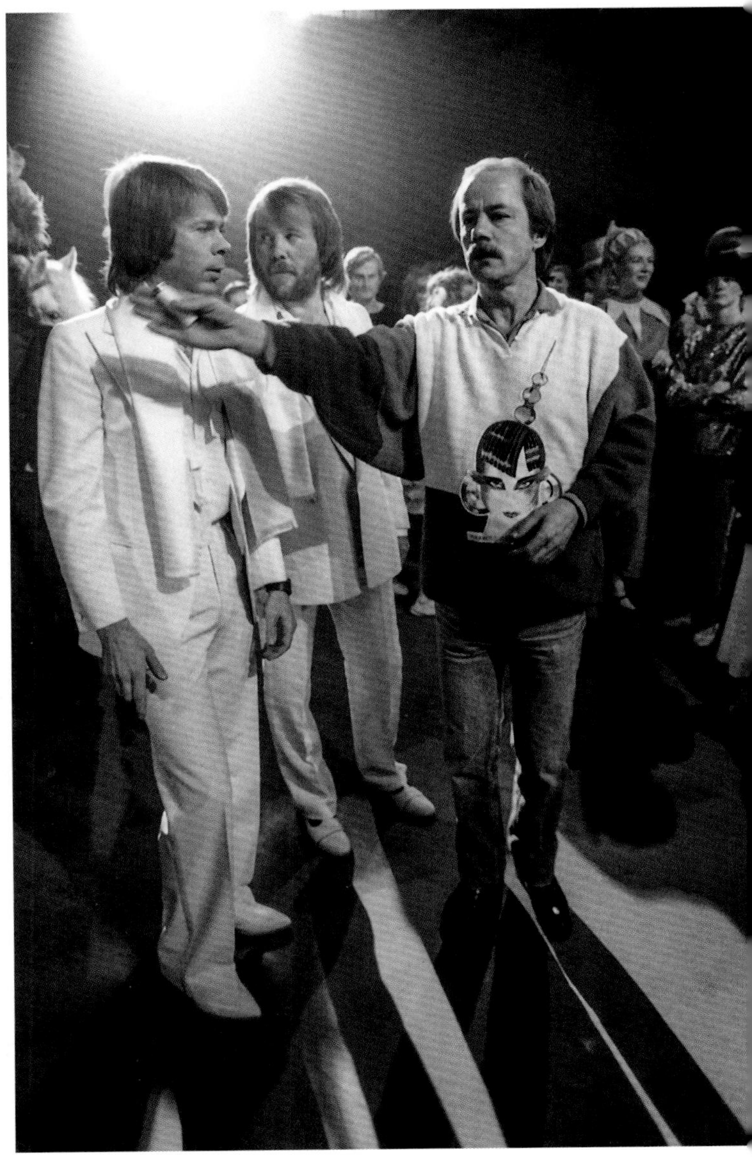

GRACIAS POR LA MUSICA

SEITE 1

Gracias por la música
(Thank You for the Music)
Reina danzante
(Dancing Queen)
Al andar
(Move On)
¡Dame! ¡Dame! ¡Dame!
(Gimme! Gimme! Gimme!
[A Man after Midnight])
Fernando

SEITE 2

Estoy soñando
(I Have a Dream)
Mamma mía
Hasta mañana
Conociéndome, conociéndote
(Knowing Me, Knowing You)
Chiquitita

Cover:
Rune Söderqvist, Lasse Liljendahl: Layout
Heinz Angermayr: Fotografie

Erscheinungsdatum: 23. Juni 1980 (GB: 18. Juli 1980, USA: etwa Juni 1980)

Label: SEPTIMA SRLM 1

Anmerkungen
Der Erfolg von ABBAs spanischsprachigen Aufnahmen hat zur Folge, dass für den spanischen und lateinamerikanischen Markt zwei spanischsprachige Versionen von Songs für ihre letzten beiden Studioalben aufgenommen werden. Auf »Super Trouper« sind die spanischen Versionen von *Andante, Andante* und *Happy New Year* (*Felicidad*) zu finden, während auf »The Visitors« *No hay a quien culpar* (*When All Is Said and Done*) und *Se me está escapando* (*Slipping through My Fingers*) erscheinen. Alle spanischsprachigen Titel von ABBA sind schließlich auf der 1999 erschienenen CD-Kompilation »ABBA Oro« zu finden, die auch eine spanische Version von *Ring Ring* enthält, das 1973 aufgenommen, aber damals nicht veröffentlicht worden ist.

SUPER TROUPER

SEITE 1

Super Trouper
The Winner Takes It All
On and On and On
Andante, Andante
Me and I

SEITE 2

Happy New Year
Our Last Summer
The Piper
Lay All Your Love on Me
The Way Old Friends Do

Aufnahme: Polar Music Studio, Stockholm, Schweden, und Wembley Arena, London, England

Produktion und Arrangement: Benny Andersson und Björn Ulvaeus

Technische Leitung: Michael B. Tretow

Mitwirkende:
Agnetha Fältskog: Gesang
Anni-Frid Lyngstad: Gesang
Björn Ulvaeus: Gesang, Gitarre
Benny Andersson: Gesang, Keyboards
Janne Schaffer, Lasse Wellander: Gitarre
Rutger Gunnarsson: Bass, Streicherarrangements
Mike Watson: Bass
Ola Brunkert, Per Lindvall: Schlagzeug
Åke Sundqvist: Percussion
Lars O. Carlsson, Kajtek Wojciechowski: Saxofone
Janne Kling: Saxofon, Flöte

Cover:
Rune Söderqvist: Layout
Lars Larsson: Fotografie

Erscheinungsdatum: 3. November 1980
(GB: 21. November 1980, USA: 21. November 1980)

Label: Polar POLS 322

Anmerkungen
Der Song *Put On Your White Sombrero* wird nicht in das Album aufgenommen. Erst 1994 wird er mit der CD-Box »Thank You for the Music« veröffentlich. Im 21. Jahrhundert wächst Benny Andersson der Song so ans Herz, dass er ihn live mit seinem Benny Anderssons Orkester aufführt.

DAS VORERST LETZTE ALBUM

DAS VORERST LETZTE ALBUM

Die Produktion des »Super Trouper«-Albums verläuft vergleichsweise reibungslos. Zumindest sieht es von außen so aus, denn im Lauf des Jahres 1980 sprudelt ein Song nach dem anderen aus Björn und Benny heraus. Doch die Monate unmittelbar nach der Veröffentlichung verlaufen alles andere als ruhig.

Werbetouren nach Westdeutschland und Großbritannien sind für November gebucht, werden aber schnell wieder abgesagt, als die Band eine Entführungsdrohung erhält, die laut unterschiedlichen Berichten ein ABBA-Mitglied, Björn oder Agnethas Tochter Linda betrifft. Die Polizei rät der Band, in Stockholm zu bleiben. ABBA ist zu dieser Zeit so groß, dass die Produzenten der westdeutschen Fernsehsendung *Show Express* ihre Technik einfach in ein Stockholmer Studio bringen und den Auftritt per Liveschaltung übertragen. Die Entführungsdrohung entpuppt sich als Falschmeldung. Aber die Tatsache, dass es sie überhaupt gegeben hat, sorgt in der Band für große Unruhe. Björn meint einige Jahre später: »Wenn solch eine Sache zur Realität wird, ist das schrecklich. Plötzlich dämmert dir, dass da draußen ein verrückter Mistkerl sein könnte.«

Björn und Lena Källersjö heiraten im Januar 1981 in einer schlichten Zeremonie. Dies ist das genaue Gegenteil des Chaos, das Björn und Agnetha zehn Jahre zuvor bei ihrer Hochzeit erlebt haben. Was das öffentliche Image von ABBA angeht, so unterstreicht die Heirat die Tatsache, dass Agnetha und Björn wirklich kein Paar mehr sind, und beendet so alle möglichen Spekulationen, dass sie wieder zusammenkommen könnten. Vier Jahrzehnte später sind Björn und Lena immer noch glücklich verheiratet.

◀◀ Frida und Benny in Stockholm, 17. Oktober 1979 (Seite 148).

◀ Dem Londoner Regen wird getrotzt, 1974.

»Es war eine schrecklich frustrierende Zeit. Wir wollten beide etwas anderes, und doch mussten wir als Mitglieder der Band der Öffentlichkeit eine glückliche, vereinte Fassade präsentieren.«

Frida

Doch nur wenige Wochen später erfährt die Welt, dass auch die letzte Ehe innerhalb der Gruppe ABBA gescheitert ist. Am 12. Februar 1981 geben Benny und Frida bekannt, dass sie sich scheiden lassen werden. Eine Ironie des Schicksals ist es, dass die Ehe von Agnetha und Björn im Jahr 1978 parallel zu Bennys und Fridas Entscheidung zu heiraten gescheitert ist.

Die Ehe steuert schon seit geraumer Zeit auf ihr unvermeidliches Ende zu. Auch wenn Benny und Frida früher die Beziehung intakt halten wollten, so stürmisch sie auch manchmal war – in letzter Zeit haben sich die Dinge geändert. Frida erinnert sich: »Es war eine schrecklich frustrierende Zeit. Wir wollten beide etwas anderes, und doch mussten wir als Mitglieder der Band der Öffentlichkeit eine glückliche, vereinte Fassade präsentieren.« Wenn sie auf diese Zeit zurückblickt, wird ihr klar, dass ABBA ihr ganzes Leben verschlungen hat, und dass man unmöglich feststellen konnte, wo ihre Beziehung als Mann und Frau endet und wo die Band anfängt. Die ABBA-Maschinerie hat ihnen Halt geboten und einen Grund, um zusammenzubleiben. Später meint Benny sogar, dass beide Ehen innerhalb von ABBA ohne die Band viel früher beendet gewesen wären. Wie Björn und Agnetha suchen sie auch einen Eheberater auf, aber offenbar hat das nicht geholfen.

Der Ausweg ergibt sich schließlich durch die Ankunft einer anderen Frau in Bennys Leben. Bei einer Party im September 1980 sitzt Benny neben Mona Nörklit. Sie ist keine Fremde für ihn, denn sie ist die Schwester von Lillebil Ankarcrona, die wiederum die Partnerin des Cover-Designers Rune Söderqvist und die Erfinderin des Albumtitels »Arrival« ist. Das Ehepaar Söderqvist-Ankarcrona steht Benny und Frida sehr nahe. Auf dieser Party beginnt Benny Mona in einem ganz anderen Licht zu sehen. Er erinnert sich: »Ich brauchte 15 Minuten, bis ich gemerkt habe, dass ich neben einer Frau sitze, die mein Leben verändern würde. Ich weiß nicht, wie es passiert ist. Es überkam mich einfach. Das war eine dieser Sachen im Leben, die passieren einfach und du kannst dich nicht dagegen wehren. Wir haben acht Stunden ununterbrochen miteinander geredet, aber ich weiß gar nicht mehr worüber!«

Benny hat nicht vor, mit Mona eine Affäre hinter Fridas Rücken zu beginnen, also steht ein schwieriges Gespräch an. Obwohl Frida mit ihrer Ehe unzufrieden ist, hat sie vielleicht geglaubt, dass sie sich wieder zusammenraufen könnten. Diese Hoffnung wird nun zunichtegemacht, als Benny aus ihrem Haus in eine Wohnung im Zentrum von Stockholm zieht. Frida erzählt einem Reporter: »Wenn Du merkst, dass er jetzt zum letzten Mal aus dieser Tür herausgeht, dann tut das weh. Dann kommt die Angst, ob man mit seinem Leben allein klarkommen wird. Es gibt so viele Dinge, um die man sich kümmern muss. Alles, von alltäglichen Dingen bis hin zu den intimsten physischen und psychischen Bedürfnissen.«

Während Björn und Agnetha ihre Trennung in Form eines ausführlichen Interviews bekanntgegeben haben, geben Frida und Benny nur eine eher knappe Erklärung ab. Sie erklären: »Wir sind uns bewusst, das es eine Menge Spekulationen in den Medien geben wird, aber das müssen wir in Kauf nehmen. Unser Privatleben ist unsere eigene Sache, und niemand sonst hat etwas damit zu tun. Dieser Schritt berührt in keiner Weise die weitere

Zusammenarbeit mit ABBA, sondern ist rein privater Natur. Wir möchten keine weiteren Kommentare abgeben.«

Das Ende der Ehe hat sich vielleicht nicht unmittelbar auf die Band als Ganzes ausgewirkt, es hat aber auf jeden Fall einen der ersten Songs geprägt, die für ABBAs nächstes Album im März 1981 aufgenommen werden. Der Text des Stücks *When All Is Said and Done* spielt direkt auf die Trennung von Benny und Frida an. Viele Jahre später erzählt Björn: »Es war so traurig, sogar irgendwie noch trauriger als meine eigene Scheidung vor nicht allzu langer Zeit. Vielleicht, weil ich von außen zusah. Und als die Melodie von *When All Is Said and Done* fertig war und der Text geschrieben werden konnte, wollte ich etwas über die beiden und das, was sie durchgemacht haben, schreiben. Etwas, das den Mut und die Würde meiner Freunde anerkennen würde.«

Selbstverständlich wird Frida die Leadsängerin von *When All Is Said and Done*, und sie schätzt Björns Engagement sehr. Sie gibt zu: »Meine ganze Traurigkeit wurde mit diesem Song eingefangen.« Björn erklärt: »Es war etwas, das Menschen passiert ist, die mir nahestehen, etwas, das der Auslöser für den Text war. Es war das endgültige Ende: ›Wenn alles gesagt und getan ist.‹ Der Text befasste sich mit einem bestimmten Zeitraum, einer Ära, und setzte ihr ein Ende. Denn genau das haben sie gemacht. Weder für sie noch für mich und Agnetha stand jemals die Frage im Raum, ob wir vielleicht wieder zusammenkommen würden – das war das Ende.« Fridas Gesangsdarbietung, die mit Leidenschaft und Überzeugung vorgetragen wird, ist geradezu beeindruckend und macht *When All Is Said and Done* zu einem kraftvollen

◀ Live-Auftritt via Satellit aus Stockholm in der westdeutschen TV-Sendung *Show Express*, 1980.
▼ ABBA in Bournemouth, GB, September 1981.

» Meine ganze Traurigkeit wurde mit diesem Song eingefangen. «

Frida

◀ Frida beim Videodreh zu *When All Is Said and Done*, August 1981

Gegenstück zu *The Winner Takes It All* aus dem Vorjahr, Agnethas Meisterstück über ihre eigene Trennung.

Sobald im November 1981 die Scheidung von Frida und Benny rechtskräftig ist, heiratet Benny die bereits hochschwangere Mona. Auch Björn und Lena erwarten zur gleichen Zeit ihr erstes Kind, sodass die männliche Hälfte von ABBA in Bezug auf ihr weiteres Leben gut aufgestellt ist. Für die beiden Frauen ist die Sache komplizierter. Seit der Bekanntgabe ihrer Scheidung im Jahr 1979 hat Agnetha zwei kurze Beziehungen hinter sich: zunächst mit dem Eishockeyspieler Lars-Erik Ericsson und dann mit Dick Håkansson, dem Geschäftsführer eines Herstellers für Damenmode. Aber noch vor Ende 1980 ist sie wieder ein Single.

ABBAs erste Studioaufnahme von 1981 ist eine Hommage an ihren Manager Stig Anderson zu dessen 50. Geburtstag am 25. Januar. Unter dem Titel *Hovas vittne* (Hovas Zeuge, ein Wortspiel: Hova ist die schwedische Kleinstadt, in der Stig aufgewachsen ist) enthält der eingängige Song eine humorvolle Auflistung von Stigs Eigenschaften und persönlichen Macken, etwa dass er den Staubsauger anstellt, wenn er will, dass Partygäste sein Haus verlassen. Auf seiner Geburtstagsparty wird ein Videoclip gezeigt, auf dem ABBA den Song in den *Waterloo*-Kostümen aufführt. Stig bekommt auch den Herausgebervertrag für den Song geschenkt – unter der Bedingung, dass er nie mit einem anderen Text als dem Originaltext aufgenommen werden wird. Stig, der in erster Linie Musikverleger ist, kommt später nicht umhin anzumerken, dass es schade ist, dass ein so guter Song nicht besser genutzt werden kann. Tatsächlich wird ABBAs Aufnahme nie offiziell veröffentlicht, sondern nur als 45er-Single in limitierter Auflage – 200 Stück – an die Partygäste verteilt.

Mitte März ist ABBA wieder zurück im Studio und die vier beginnen mit den Aufnahmen zu ihrem achten Studioalbum. *When All Is Said and Done* gehört zu den ersten Titeln, ebenso wie die Ballade *Slipping through My Fingers*, die für Björn selbst eine starke persönliche Bedeutung hat. Als der Text geschrieben wird, ist seine und Agnethas gemeinsame Tochter Linda seit etwa sechs Monaten in der Schule (schwedische Kinder werden mit sieben Jahren eingeschult), weshalb ihr Vater darüber nachdenkt, wo die ganze Zeit geblieben ist. Er sitzt in Agnethas Küche, als ihn die Emotionen überkommen: »Ich beobachtete, wie Linda zur Schule ging, sich umdrehte und winkte, und ich dachte: ›Jetzt hat sie den nächsten Schritt getan, sie geht weg – was habe ich in all den Jahren verpasst?‹ – ein Gefühl, das wohl alle Eltern haben.« Selbstverständlich ist Lindas Mutter die Leadsängerin. Sie kommentiert später, dass sich der Songtext sehr »echt« angefühlt habe.

Die Aufnahmen für das neue Album starten mit zwei der persönlichsten ABBA-Lieder, und Björns Befreiung als Texter drückt dem Album seinen Stempel auf. Er erinnert sich daran, dass er den Text für diese beiden Songs während eines Skiurlaubs mit seiner Frau Lena geschrieben hat: »Ich erinnere mich, dass es mir so viel Spaß gemacht hat, weil ich das Gefühl hatte, dass ich hier genau das sagen kann, was ich will. Plötzlich fügte ich ein paar persönliche Dinge in den Text ein.«

Slipping through My Fingers ist einer der beiden neuen Songs (der andere ist die von Björn gesungene Nummer *Two for the Price of One*), die ABBA Ende April während einer Pause der Album-Sessions für ein TV-Special mit dem Titel *Dick Cavett Meets ABBA* aufnimmt. Der berühmte amerikanische Talkshow-Moderator kommt extra nach Schweden, um die Band bei einem lockeren Gespräch zu interviewen, auf das dann ein Live-Konzert folgt. Leider hat sich Cavett offensicht-

▶ Björn und Agnetha mit Tochter Linda. Björns Text für den Song *Slipping through My Fingers* entstammt dem Gefühl, einen Teil von Lindas Kindheit verpasst zu haben.

▲ Agnetha bindet die Krawatte des amerikanischen Talkshow-Moderators Dick Cavett, der nach Schweden geflogen wird, um die Band für das TV-Special *Dick Cavett Meets ABBA* zu interviewen, April 1981.

lich nicht gut über die skandinavische Popgruppe informiert und scheint ziemlich verwirrt darüber zu sein, in einem schwedischen Fernsehstudio gelandet zu sein. Außerdem bilden das Geplänkel und die lockere Unterhaltung, die seine Talkshows in New York City kennzeichnen, einfach nicht den richtigen Rahmen für ein ABBA-Interview. Viele Jahre später gibt Björn zu: »Unsere Englischkenntnisse in der Band waren nicht so gut, dass wir eine interessante und lockere Unterhaltung hätten führen können. Das Ganze wurde ein wenig steif.«

Das Konzert mit seinen neun Songs ist ebenfalls ein wenig langweilig. Sicherlich professionell und gut gespielt, aber es fehlen die Energie und Begeisterung. Die schrägen Bühnenkostüme sind passé. Die Band tritt nun in normaler Kleidung auf. Björn sieht allerdings so aus, als hätte er sich einfach etwas Legeres aus seinem Kleiderschrank genommen. Ein Reporter witzelt, dass er mit seiner grünen Jacke wie ein Vertreter für Angelausrüstung wirke. Die vier sind längst nicht mehr die lustigen und leicht verrückten ABBA von früher.

Das TV-Special, eine Koproduktion des schwedischen Senders SVT und des ZDF, soll eigentlich in die ganze Welt exportiert werden, doch die Begeisterung hält sich offenbar in Grenzen. Ein Teil des Problems liegt in dem glanzlosen und nicht besonders aufschlussreichen Gespräch mit Cavett. Seine Shows werden in den 70er-Jahren regelmäßig importiert und im schwedischen Fernsehen ausgestrahlt, aber sein internationaler Ruhm ist vielleicht nicht so groß, wie ABBA und SVT es erwartet haben. Benny erinnert sich: »Ich denke, die meisten Länder haben gesagt: ›Okay, das ist eine nette Show, aber wer ist der Typ? Warum ist er in der Sendung?‹ Das war also eine schlechte Wahl.«

Zurück im Aufnahmestudio geht die Arbeit wie gewohnt weiter. Die musikalische Einheit scheint bei ABBA unter den Ehescheidungen nicht zu leiden, zumindest anfangs. Frida erklärt: »Als sich die Aufregung gelegt hatte, waren wir eigentlich erleichtert, dass wir uns nicht mehr verstellen mussten. Sobald man emotional nicht mehr involviert ist, ist es viel einfacher, zusammenzuarbeiten. Es wird einfacher, sich zu konzentrieren. Alles ist effizienter, weil es kein großes Theater gibt – man macht einfach seine Arbeit und geht dann nach Hause. Man geht sich nicht gegenseitig auf die Nerven, wenn man sich nicht die ganze Zeit sieht.«

Auch an der Liebesfront läuft es für die beiden weiblichen Mitglieder von ABBA besser. Frida hat mit Bertil »Bobo« Hjert, dem Inhaber des sehr erfolgreichen Plakatherstellers Scandecor, der schon seit einigen Jahren zu ihrem Bekanntenkreis gehört, einen neuen Freund gefunden. 1981 geht Agnetha auch eine langfristige Beziehung mit dem Polizeiinspektor Torbjörn Brander ein. Sie lernt ihn auf dem örtlichen Polizeirevier in Lidingö kennen, wo sie Schutz vor einem verrückten Fan sucht, der nachts um 3.30 Uhr an ihre Tür geklopft hat und einige Tage später vor dem Polar-Studio auftaucht. Herr Brander ist der zuständige Inspektor. Agnetha sagt, es sei Liebe auf den ersten Blick gewesen. Schon bald sind sie verlobt, und er zieht in ihr Haus ein. Die Beziehung wird im September 1981 in den Medien bekannt.

Zu dieser Zeit arbeitet ABBA immer noch am neuen Album »The Visitors«, dessen Aufnahmen erst am 15. November beendet sind, nur ein paar Wochen, bevor es am 30. November in die Läden kommt. Das Album ist eine weitgehend düstere Angelegenheit, die wenig mit den fröhlichen Hits zu tun hat, in die sich die Welt einst verliebt hat. Seit ihrem Song *Dum Dum Diddle* sind gerade einmal fünf Jahre vergangen, aber man könnte fast meinen, dass es sich um eine andere Band handelt. Zu den Themen gehört der damals aktuelle Kalte Krieg, wobei das bedrohlich klingende *Soldiers* eine Warnung vor dem Krieg darstellt und der Synthesizer-Sound des Titeltracks die gefährliche Situation für Dissidenten in der damaligen Sowjetunion schildert. Schief gelaufene Beziehungen werden in *When All Is Said and Done* und dem von Agnetha gesungenen *One of Us* thematisiert, wobei dies die einzige große Hit-Single des Albums ist. Das letzte Stück auf Seite 2, *Like an Angel Passing through My Room*, eine von Frida gesungene, streng arrangierte Reflexion über einen Moment der Stille, bringt die Reise des Albums zu einem düsteren Ende. Eine kleine Auflockerung bieten *Head over Heels* und *Two for the Price of One*, aber man kann sich des Eindrucks nicht erwehren, dass ABBAs Herz wirklich nicht mehr für diese Art von Material schlägt.

Ein Jahrzehnt nach der Veröffentlichung des Albums meint Frida: »Wenn man eine Trennung hinter sich hat, so wie wir alle damals, fließt eine gewisse Stimmung in die Arbeit ein, denn dann ist etwas verschwunden, das so elementar für die Freude in unseren Songs war, und das vorher immer da war. Auch wenn der Song selbst düster war, gab es immer irgendwo etwas Fröhliches. Aber ich glaube, auf ›The Visitors‹ hatten wir alle ein wenig die Nase voll voneinander. Wir hatten miteinander schon so viel durchgemacht, dass keine Freude mehr übrig war. Die Aufnahmen wurden mehr und mehr zu einer einfachen Routine. Wir hatten uns auseinandergelebt und begannen, uns in unterschiedliche Richtungen zu entwickeln, und die Verbundenheit, die immer ein Teil unserer Aufnahmen war, war verschwunden. Ich weiß nicht – vielleicht gab es eine gewisse Traurigkeit oder Bitterkeit, die die Entstehung dieses Albums beeinflusst hat.« Obwohl die Öffentlichkeit damals das Gefühl hat, dass Agnetha, Björn, Benny und Frida nicht mehr ganz so fröhlich sind wie früher, hat sich »The Visitors« in den letzten Jahrzehnten gerade wegen seiner offenkundigen Reife und der Düsternis in vielen Titeln zum Lieblingsalbum der ABBA-Kenner entwickelt.

»Vielleicht gab es eine gewisse Traurigkeit oder Bitterkeit, die die Entstehung dieses Albums beeinflusst hat.«

Frida

Auch das Cover – aufgenommen im Atelier des Malers Julius Kronberg (1850–1921) – ist eher dunkel und düster. Zum ersten Mal sind die vier Mitglieder auf einem Albumcover völlig getrennt voneinander zu sehen, ein Zeichen dafür, dass ABBA sich von einer echten, eng verbundenen Band in ein Kollektiv unabhängiger Individuen verwandelt hat. Der Albumdesigner Rune Söderqvist behauptet, dass die Inszenierung des Coverfotos keine Absicht gewesen sei, sondern dass er die vier angesichts der Situation instinktiv so dargestellt habe.

Außerdem hat ABBA wohl nicht viel Zeit für Werbung gehabt. Zum ersten Mal, seit die Gruppe berühmt geworden ist, gibt es keine Auslandsreisen zu TV-Auftritten. Wer ABBA in der Sendung haben will, muss nach Stockholm reisen. Es gibt keine Darbietungen von Songs – das soll das *Dick Cavett Special* übernehmen –, nur Interviews, und davon nur eine Handvoll. Außerhalb des Tonstudios fühlen sich die vier nicht mehr wie ABBA an.

THE VISITORS

SEITE 1

The Visitors
Head over Heels
When All Is Said and Done
Soldiers

SEITE 2

I Let the Music Speak
One of Us
Two for the Price of One
Slipping through My Fingers
Like an Angel Passing
through My Room

Aufnahme: Polar Music Studio, Stockholm, Schweden

Produktion und Arrangement: Benny Andersson und Björn Ulvaeus

Technische Leitung: Michael B. Tretow

Mitwirkende:
Agnetha Fältskog: Gesang
Anni-Frid Lyngstad: Gesang
Björn Ulvaeus: Gesang, Gitarre, Mandoline
Benny Andersson: Gesang, Keyboards
Lasse Wellander: Gitarre, Mandoline
Rutger Gunnarsson: Bass, Mandoline
Ola Brunkert, Per Lindvall: Schlagzeug
Åke Sundqvist: Percussion
Janne Kling: Flöte, Klarinette

Cover:
Rune Söderqvist: Layout
Lars Larsson: Fotografie

Erscheinungsdatum: 30. November 1981 (GB: 11. Dezember 1981, USA: Dezember 1981)

Label: Polar POLS 342

Anmerkungen

»The Visitors« ist das einzige ABBA-Album, auf dem die Strophen eines jeden einzelnen Titels solo gesungen werden, was in deutlichem Gegensatz zu Songs wie *Mamma Mia* und *Dancing Queen* steht, die Agnetha und Frida gemeinsam gesungen haben. Björn erklärt später, dass dies daran liege, dass die Texte persönlicher geworden seien: »Ich hatte das Gefühl, dass die Texte für mich plötzlich realer geworden waren. Ich konnte ›hören‹, was sie sangen, während das früher keine so große Rolle gespielt hatte. Dass zwei Stimmen diese Art von Texten singen, erschien mir völlig unnatürlich.«

SO GEHT ES NICHT MEHR WEITER

SO GEHT ES NICHT MEHR WEITER

Wie die meisten ihrer engsten Vertrauten wissen, träumen Björn und Benny schon seit langem davon, eines Tages ein Musical zu schreiben. Inspiriert von Produktionen wie *Jesus Christ Superstar* von Andrew Lloyd Webber und Tim Rice und vielleicht auch von Rockopern wie *Tommy* von The Who taucht der Gedanke, etwas Ähnliches zu versuchen, im Lauf der Jahre immer wieder auf.

The Girl with the Golden Hair, das auf der Tour von 1977 aufgeführte Mini-Musical, ist ein erster Schritt. Danach wird einige Male angekündigt, dass sich die beiden Songwriter ein Jahr lang Zeit nehmen würden, um ein größeres Werk zu schreiben. Ein weiteres Beispiel ist das Silvester-Musical, für das sie John Cleese zu begeistern versucht haben. Kurz bevor sie ein Jahr später mit den Sessions für das künftige Album »The Visitors« beginnen, deutet Benny an, dass das neue Album wahrscheinlich eher ein Konzeptalbum wird: »Dadurch wird es ein wenig anders, weil man Dinge, die normalerweise nicht zu einem Album gehören, als separate Tracks einbauen kann. Wenn alle Tracks miteinander verbunden sind, ergibt das ein Ganzes.« Aber wieder scheitern diese Pläne. Zwar verfügen Björn und Benny über mehr als genug musikalisches Talent, aber dennoch müssen sie mit jemandem zusammenarbeiten, der ein besseres Gespür für das Erzählen von Geschichten hat als sie selbst.

Gegen Ende des Jahres 1981 zeichnet sich in dieser Hinsicht eine vielversprechende Entwicklung ab. Der Texter Tim Rice arbeitet nicht länger für Andrew Lloyd Webber und ist auf der Suche nach neuen Komponisten. Durch gemeinsame Verbindungen in den USA erfährt Rice, dass das Team Andersson/Ulvaeus nach einem Partner für eine Zusammenarbeit sucht. Im Dezember 1981 wird ein Treffen in Stockholm organisiert, und die drei Männer verstehen sich auf Anhieb. Rice gibt zu verstehen, dass er jederzeit gewillt ist, mit Björn und Benny zu arbeiten. Anfang 1982 haben die beiden jedoch andere Dinge im Kopf. Im Januar werden beide innerhalb von einer Woche wieder Vater. Björn und Lena bekommen eine Tochter namens Emma, während Benny und Mona einen Sohn namens Ludvig bekommen. Beide Songwriter beschließen, nach der Geburt ihrer Kinder ein paar Monate Pause zu machen, und sie halten ihr Versprechen. So hat die weibliche Hälfte von ABBA nichts Besonderes zu tun. Während Agnetha Zeit mit ihren Kindern verbringt, nutzt Frida die Gelegenheit, etwas außerhalb der Band zu versuchen.

Nach Fridas Scheidung im Jahr 1981 spielt ihre Tochter Lise-Lotte ihr das Album »Face Value« von Phil Collins vor. Das Album enthält den großen Hit *In the Air Tonight* und beeindruckt Frida sehr, und sie hört mehrere Monate lang nichts anderes. Nun ist sie fest entschlossen, dass Collins ihr Album produzieren soll. Er stimmt zu, und die Aufnahmen im Polar Music Studio werden für Mitte Februar bis Anfang April 1982 angesetzt. Aus der Sicherheit herauszutreten, die ihr ABBA im Allgemeinen und Benny im Besonderen geboten haben, ist für Frida eine Erfahrung, die zu Nervosität und Unsicherheit führt. Collins erinnert sich: »In der ersten Woche fragte sie noch: ›Ich weiß nicht, was denkst du?‹ Aber ich sagte ihr: ›Hör mal, es ist dein Album, Baby, es ist nicht meins.‹ Und nach zwei oder drei Wochen fing sie wirklich an, sich durchzusetzen.«

Das im September unter dem Titel »Something's Going On« veröffentlichte Album bringt die Hit-Single *I Know There's Something Going On* hervor, geschrieben von Russ Ballard, produziert und arrangiert ähnlich wie *In the Air Tonight.* In den USA erreicht sie die Top 20 und in Australien die Top 5. Frida blickt mit un-

◀◀ ABBA, 1982 (Seite 160).

◀ Die ABBA-Musiker treffen Tim Rice und seine Frau Jane Artereta McIntosh in London, 1982.

verhohlenem Stolz auf dieses Ergebnis zurück, denn sie selbst hat diesen Song aus Hunderten von Vorschlägen ausgewählt, die ihr bei der Zusammenstellung des Albums vorgelegt worden sind. Gegen Ende der Sessions versuchen Björn und Benny, sich etwas einfallen zu lassen, weil Stig Anderson darauf besteht, dass sie einen Beitrag zum Album leisten. Er traut nur wenigen anderen zu, Hitmaterial zu liefern, aber letztendlich erscheint kein Song von ihnen auf dem Album. Insgeheim ist Frida erleichtert. Sie erklärt: »Sie bekamen nichts zustande, bis das Album fast fertig war. Ich beschloss, nichts von ihnen zu nehmen. Jetzt denke ich, dass das eine weise Entscheidung war. Es ist besser, dass die Bandmitglieder

▼ Frida mit Phil Collins, der ihr Soloalbum »Something's Going On« produziert hat, 1982.

▶ Fridas erste Solo-Single nach ABBA heißt *I Know There's Something Going On*.

▶▶ Frida, 1982.

»Ich glaube nicht, dass ich jemals eine so schlechte Atmosphäre in einem Aufnahmestudio erlebt habe. Das war nicht gerade herzlich.«

Janne Schaffer

nichts mit diesem Projekt zu tun haben.« Da sie versucht, eine neue Identität zu finden, ist es für Frida wichtig, dass »Something's Going On« nur von ihr selbst ist.

Auch Agnetha beginnt, über Projekte außerhalb der Band nachzudenken. Im Jahr zuvor hat sie mit ihrer Tochter Linda ein Weihnachtsalbum in schwedischer Sprache veröffentlicht, und im August 1982 widmet sie sich für einige Wochen ihrer ersten Filmrolle. *Raskenstam* ist ein Film über einen Gauner, der im Schweden der 30er-Jahre gelebt hat. Der schwedische Schauspieler und Regisseur Gunnar Hellström, der auch die Hauptrolle spielt, führt Regie. Agnetha spielt Lisa Mattsson, eine der vielen Frauen, die der Titelheld betrügt. Für ihren Beitrag muss sie sich keineswegs schämen. Sie sagt: »In allem anderen, was ich gemacht habe, war ich Agnetha von ABBA, aber als ich den Film sah, sah ich eine andere Person: Ich sah Lisa.« Der Film hat im August 1983 in Schweden Premiere und ist recht erfolgreich, aber obwohl Agnetha weitere Angebote erhält, spielt sie nie wieder in einem Film mit.

Da alle vier Bandmitglieder inzwischen mit ihren eigenen Projekten beschäftigt sind, stellt sich die Frage: Was passiert mit ABBA? Das ist ein wenig unklar, bis die zweite Single aus »The Visitor« veröffentlicht wird. *Head over Heels* soll einer dieser fröhlichen, energiegeladenen Songs werden, die die Band einst weltberühmt gemacht haben, aber er verfehlt sein Ziel. Björn gibt zu: »Er schafft es nicht ganz.« Die vier betrachten Großbritannien als Barometer für die Titel der Popmusik, also sind sie wohl sehr enttäuscht, als *Head over Heels* dort nur Platz 25 erreicht. Seit *I Do, I Do, I Do, I Do, I Do* (1975) kommt das erste Mal eine ihrer Singles nicht in die Top 10. In einer Handvoll europäischer Länder läuft es besser, was aber für ABBA nicht ganz so wichtig ist.

Als Björn und Benny endlich aus dem Vaterschaftsurlaub zurückkehren, um mit der Arbeit am nächsten ABBA-Album zu beginnen, scheint irgendetwas nicht ganz zu stimmen. Die Sessions beginnen am 3. Mai 1982, aber etwa einen Monat später kommt alles zum Stillstand. Drei Songs sind fertig: *You Owe Me One*, *Just Like That*, und *I Am the City*. Obwohl Agnetha *Just Like That* besonders mag, sind Björn und Benny mit keinem der drei Songs sonderlich zufrieden. Besorgniserregend ist vor allem ihre fehlende Motivation, die Herausforderung anzunehmen und mit dem Album weiterzumachen. Einige Jahrzehnte später erinnert Björn sich: »Ohne dass wir es untereinander ausgesprochen haben, glaube ich nicht, dass uns tatsächlich die Luft ausgegangen ist, aber irgendetwas war nicht mehr so wie früher. Wir fühlten nicht mehr denselben starken Esprit, und vielleicht schlich sich das Gefühl ein, dass ABBA nicht ewig weitermachen konnte.« Anstatt die Arbeit an dem Album fortzusetzen, erfolgt nur ein paar Wochen nach Abschluss dieser ersten Session die Ankündigung, dass es 1982 keine neue Studio-LP geben werde.

Stattdessen legt die Band eine Pause ein und kehrt am 2. August in die Polar Studios zurück, um in den folgenden Monaten ein paar neue Songs aufzunehmen und ein Doppelalbum mit ihren größten Hitsingles in chronologischer Reihenfolge zu veröffentlichen. Enthalten sind zwei der neuen Songs, die auch als A-Seiten-Single veröffentlicht werden.

Abhängig davon, wen man fragt, scheint zwischen den vier Mitgliedern im Studio alles so reibungslos wie immer zu laufen oder sich etwas Grundlegendes geändert zu haben. Janne Schaffer, ein Gitarrist, der während der gesamten Karriere der Gruppe bei ABBA mitgewirkt hat, hat einige Jahre lang nicht an den Aufnahmen der Band teilgenommen, ist aber im August 1982 dabei. Er ist erstaunt über den Stimmungswandel, als Agnetha und Frida ins Studio kommen: »Ich glaube nicht, dass ich jemals eine so schlechte Atmosphäre in einem Aufnahmestudio erlebt habe. Das war nicht gerade herzlich. Alles wurde sehr schnell und knapp abgehandelt, es war alles sehr präzise: ›Das klingt gut. Viel Glück, Jungs.‹ Man hörte kein: ›Wow, das ist echt cool!‹ Man spürte, dass es den Frauen an Engagement fehlte.« Später räumt Björn ein, dass man zwar unmittelbar nach den Scheidungen Erleichterung verspürt habe, dass sich aber die Dynamik in einer solchen Weise verändert habe, dass die Dinge manchmal komplizierter wurden. Bei einem Interview erzählt er Jim Irvin: »Ich denke, es konnte manchmal recht frostig werden. Es wurde immer schwieriger zu sagen: ›Bitte mach das nochmal‹, [ohne dass jemand anderes sagte:] ›Nein, ich will nicht!‹«

◀ Agnetha gibt ihr Filmdebüt mit Gunnar Hellstrom in der romantischen Komödie *Raskenstam*.

Drei Songs werden während der Sessions im August 1982 fertiggestellt. Den Anfang machen das von Agnetha gesungene *Under Attack* und Fridas Solonummer *Cassandra*, die beide keine besonders aufregenden Stücke sind. Der dritte und letzte Song ist wesentlich interessanter. Die Melodie für *The Day before You Came* wird im Studio geschrieben, was Björn und Benny selten tun. Aber vermutlich müssen sie sich schnell etwas einfallen lassen, bevor Frida im September ins Ausland geht, um ihr Soloalbum zu promoten.

Benny hat eine Idee für eine Melodie und spielt sie, wie er sich erinnert, »aus dem Nichts« auf seinem Yamaha-GX-1-Synthesizer. Bald nimmt eine komplette Melodie Gestalt an. Da ansonsten keine Musiker im Studio sind, begnügt er sich mit einer Drum Machine. Benny spielt alle anderen Instrumente (später holen sie einen Schlagzeuger dazu, um den Sound ein wenig aufzupeppen). Björn – inzwischen ein versierter Texter mit einem ausgeprägten Gespür für die perfekte Kombination von Text und Musik – schreibt über eine Frau, die all die langweiligen, alltäglichen Dinge aufzählt, von denen sie glaubt, dass sie sie am Tag vor einer Begegnung mit einem Mann getan haben muss. Er erklärt: »Ich schrieb alle alltäglichen Ereignisse und Dinge auf, die mir einfielen, die jemandem passieren, der ein gewöhnliches Leben führt. Aus grammatikalischer Sicht war es sehr schwierig, alles zusammenzufügen, denn es musste alles logisch sein, es gab keinen Platz für Unstimmigkeiten. Der Text ist keine eigentliche Geschichte, sondern eher eine große Reflexion über alles, was an dem Tag, bevor dieser Typ kam, passiert ›sein muss‹. Es muss so unglaublich langweilig gewesen sein, so ein karges Dasein, angesichts dieser wundervollen Sache, die dann passierte.«

Agnetha singt die Leadstimme von *The Day before You Came* und wird aufgefordert, den Charakter der Frau in dem Song authentisch zu verkörpern. Ihr Ansatz ist die Imitation. Das hat für sie schon früher gut funktioniert (zum Beispiel orientiert sie sich an der amerikanischen Sängerin Connie Francis aus den späten 50er-Jahren, um in *Hasta Mañana* auf dem »Waterloo«-Album den richtigen Ton zu finden). Sie erklärt: »Ich hatte die Idee, dies so zu singen, wie [der französische Chansonnier] Charles Aznavour es getan hätte. Also sagte ich: ›Lass mich das mal probieren‹, und das Ergebnis war sehr, sehr außergewöhnlich.« Frida mischt sich mit einer opernhaften wortlosen Linie ein, die klingt, als würde sie von einer geisterhaften Präsenz gesungen, die die traurigen Ereignisse beobachtet.

Es lag während der Aufnahme des Gesangs sogar etwas Melancholie in der Luft, zumindest laut Toningenieur Michael Tretow. Er erinnert sich daran, dass Agnetha ihre Leadstimme bei gedämpftem Licht aufgenommen hat, was für eine besondere Stimmung im Studio sorgte: »Das war eine magische und ziemlich traurige Erfahrung, denn es fühlte sich wirklich so an, als wäre dies der letzte ABBA-Song, den wir jemals machen werden. [Man konnte es spüren] im Studio. Und der Text ist so ergreifend, dass jeder einen Kloß im Hals hatte, als wir den Song sangen.«

Die im Oktober 1982 veröffentlichte Single *The Day before You Came* erreicht in einigen europäischen Ländern die Top 5, doch in Großbritannien kommt sie nur auf Platz 32 in den Single-Charts. So brillant der Titel auch ist, er klingt nicht wirklich wie eine Hit-Single. Wenn ABBA ein Studioalbum aufgenommen hätte, hätte es mehr Titel zur Auswahl gegeben und vielleicht wäre etwas Eingängigeres dabei herausgekommen. Dieses leicht altmodische, unscheinbare Kunstwerk entspricht wohl nicht den Vorstellungen der britischen Singles-Käufer, die sich gerade in farbenfrohe »New Pop«-Phänomene wie Boy George verlieben, dessen Band Culture Club zu dieser Zeit mit *Do You Really Want to Hurt Me* den Durchbruch schafft.

Das Doppelalbum »The Singles – The First Ten Years«, das am 8. November erscheint, schneidet in Großbritannien besser ab und erreicht Platz 1, womit die Band zum achten Mal in Folge die Charts stürmt. Auch in anderen Ländern läuft es recht gut. Die ABBA-Mitglieder promoten das Album und die dazugehörigen Singles mit Besuchen in Großbritannien und Westdeutschland, und sie werden auch vom schwedischen Fernsehen interviewt. Der TV-Auftritt in Großbritannien in der BBC-Sendung *The Late Late Breakfast Show*, in der sie von Noel Edmonds interviewt werden, wirkt ziemlich unbeholfen, als wüssten die vier Mitglieder nicht mehr, wie sie in einem Kontext, der auf humorvollen Sprüchen und Scherzen beruht, miteinander umgehen sollen. Ein Witz, den Benny auf Fridas Kosten macht und der unbeschwert sein soll – mit dem Unterton: »Seht mal, zwischen uns ist noch alles in Ordnung!« – wirkt ihr gegenüber eher grob. Das schwedische Interview verläuft viel besser, zwar ohne bohrende Fragen, aber alle vier wirken entspannter und irgendwie erleichtert, einfach nur vier Individuen sein zu dürfen.

Die zweite Single *Under Attack* aus dem Doppel-Album schneidet in Großbritannien nur wenig besser ab als *The Day before You Came* und erreicht Platz 26. In den meisten anderen Ländern sieht es schlechter aus. In Australien erreicht die Single Platz 96, was beweist, dass die Tage der intensiven, alles verzehrenden ABBA-Manie in Australien schon lange vorbei sind.

Während des London-Besuchs geschieht etwas, das für die Zukunft der Gruppe ABBA wichtiger ist als ihr unangenehmes Noel-Edmonds-Interview. Nachdem Björn und Benny im Lauf des Jahres immer wieder ihre Pläne für ein Musical diskutiert haben, treffen sie sich erneut mit Tim Rice. Die drei sind sich einig, dass sie wirklich etwas zusammen machen wollen. Sie stoßen mit Champagner auf die Entscheidung an. Zunächst ist geplant, das Musical parallel zu den Arbeiten an einem neuen ABBA-Album zu schreiben, aber diese höchst unpraktischen Pläne werden bald wieder verworfen. Stattdessen soll ABBA als Gruppe eine Pause einlegen. Wenn Björn und Benny ihr Musical fertiggestellt haben, können wieder alle als Band zusammenarbeiten – wenn sie Lust haben.

Am 11. Dezember 1982 tritt ABBA ein zweites Mal in der *The Late Late Breakfast Show* auf, diesmal per Satellit aus einem Stockholmer Fernsehstudio. Die vier werden von Noel Edmonds interviewt und singen die Titel *Under Attack* und *I Have a Dream*. Der nicht sehr beeindruckende TV-Auftritt entpuppt sich als der letzte gemeinsame Auftritt der Band in der Öffentlichkeit. Wie Michael Tretow bereits befürchtet hat, ist *The Day before You Came* tatsächlich die letzte Studioaufnahme der Gruppe ABBA. Niemand weiß es damals genau, doch als die Kameras schließlich abgeschaltet werden und Agnetha, Björn, Benny und Frida in dieser Dezembernacht das TV-Studio verlassen, ist die ABBA-Story erst einmal zu Ende.

▲ Ein peinliches Interview in der *The Late Late Breakfast Show* mit dem TV-Moderator Noel Edmonds (rechts).

»Das war eine magische und ziemlich traurige Erfahrung, denn es fühlte sich wirklich so an, als wäre dies der letzte ABBA-Song, den wir jemals machen werden.«

Michael B. Tretow

▶ ABBA, 1982. Die letzte Studio-Aufnahme.

THE FIRST TEN YEARS

SEITE 1

Ring Ring
Waterloo
So Long
I Do, I Do, I Do, I Do, I Do
SOS
Mamma Mia
Fernando

SEITE 2

Dancing Queen
Money, Money, Money
Knowing Me, Knowing You
The Name of the Game
Take a Chance on Me
Summer Night City

SEITE 3

Chiquitita
Does Your Mother Know
Voulez-Vous
Gimme! Gimme! Gimme!
(A Man after Midnight)
I Have a Dream

SEITE 4

The Winner Takes It All
Super Trouper
One of Us
The Day Before You Came
Under Attack

Cover:
Rune Söderqvist: Layout
Lars Larsson: Fotografie

Erscheinungsdatum: 8. November 1982
(GB: 5. November 1982, USA: Dezember 1982)

Label: Polar POLMD 400/401

Anmerkungen
Ursprünglich sollten 26 Titel auf dem Album enthalten sein, aber aufgrund des begrenzten Platzes, der auf Vinyl-Platten zur Verfügung stand, sind es nur 23 Titel geworden. Es ist nicht genau bekannt, welche drei Titel weggelassen worden sind, aber es könnten *People Need Love*, *Honey, Honey* und *Eagle* gewesen sein. Um die Spieldauer zu verkürzen, wird statt der ursprünglichen Hit-Single-Version eine kürzere Promo-Version von *The Name of the Game* eingefügt.

FANTASIE UND FREIHEIT

FANTASIE UND FREIHEIT

Als ABBA eine Pause einlegt, müssen sich die Mitglieder überlegen, was sie sonst noch mit ihrem Leben anfangen können. Björn und Benny sind mit ihrem Musical beschäftigt, während Frida ihr Album »Something's Going On« promotet und sich an ihr Leben in London gewöhnt, wohin sie Ende 1982 gezogen ist. Ihr Umzug gehört zur fortlaufenden Neuerfindung ihrer Person nach der Trennung von Benny, ist aber auch eine Folge davon, dass sie sich in Schweden wegen der ständigen Spekulationen der Presse über ihr Liebesleben nicht mehr wohlfühlt. Sie erinnert sich: »Als Benny und ich uns scheiden ließen, war das wirklich hart für mich. Wenn ich mich nämlich in der Öffentlichkeit bewegte, etwa als Privatperson auf einer Party, und zufällig ein Mann neben oder hinter mir stand, dann wurde er sofort als ›Fridas neuer Mann‹ abgestempelt. Dank meines ausgeprägten Sinns für Integrität ... fand ich das furchtbar. Es fiel mir schwer zu akzeptieren, dass ich als eine Person beschrieben wurde, die ich nicht wiedererkannte.« Frida beginnt mit der Planung ihres nächsten Solo-Albums, in der Hoffnung, dass Phil Collins wieder als Produzent mitmacht.

Im Januar 1983 startet Agnetha derweil in den Polar Music Studios mit den Aufnahmen für ihr erstes englischsprachiges Album. Der Produzent ihrer Wahl ist Mike Chapman, der in den 70er-Jahren in Zusammenarbeit mit Nicky Chinn als Songschreiber für Hits von The Sweet, Mud, Suzi Quatro und Smokie bekannt geworden ist und sich später als Produzent von Bands wie The Knack und Blondie in den USA einen Namen gemacht hat. Das Album erscheint im Mai 1983 unter dem Titel »Wrap Your Arms around Me« und ist ähnlich konzipiert wie das Album von Frida. Einige Songwriter werden eingeladen, Material beizusteuern, während andere Stücke aus den Schubladen der Musikverlage geholt werden müssen. Insgesamt ist es ein gut produziertes, wenn auch etwas anonym wirkendes Album, das aber in Schweden sehr erfolgreich ist und sich in den meisten anderen Ländern mit rund 1,2 Millionen verkauften Exemplaren recht gut schlägt. Der Erfolg wird durch die beschwingte, calypsoartige Auftaktsingle *The Heat Is On* begünstigt, ein deutlicher Kontrast zu den traurigen Songs, die Agnethas Hauptrepertoire bei ABBA ausmachen. Mit dem rockigen *Can't Shake Loose*, geschrieben von Russ Ballard, aus dessen Feder auch Fridas *I Know There's Something Going On* stammt, gelingt Agnetha auch ein Top-30-Hit in den USA.

Wegen ihrer Flugangst zieht es Agnetha vor, auf der Promo-Tour im Bus zu reisen. Bei einer dieser Fahrten von London aus wird sie eines Nachts im Oktober 1983 bei der Ankunft des Busses in Schweden in einen schweren Unfall verwickelt. Sie erinnert sich: »Der Bus begann heftig von einer Seite auf die andere zu schwanken. Die Bremsen quietschten und man hörte beunruhigte Stimmen. Ich wurde herumgewirbelt und bekam schwere Schläge am Kopf und an den Beinen ab. Der Moment, in dem ich schließlich gemerkt habe, dass wir einen Unfall hatten, war sehr beängstigend. Ich konnte nichts sehen, weil ich hinten im Schlafabteil war. Aber ich erinnere mich an den letzten schrecklichen Schlag, als wir uns überschlugen und herumwirbelten, und an das Klirren von Glas.« Agnetha klammert sich an ihre Matratze, fliegt durch ein zerbrochenes Fenster und landet im Graben. Alle Insassen des Busses überleben mit nur leichten Verletzungen, was angesichts der Schwere des Unfalls schon fast ein Wunder ist. Doch die Spekulationen der Klatschpresse, Agnetha sei zum Zeitpunkt des Unfalls schwanger gewesen – sie war es nicht –, haben ihren Willen, im Rampenlicht der Öffentlichkeit zu stehen, nicht bestärkt.

◀◀ ABBA in Frankreich, 1980 (Seite 174).

◀ Agnetha, 1983.

»Ich will kein Teil von all dem mehr sein. Ich will mich der Musik widmen, nicht dem Business.«

Benny

Björn und Benny sind mit *Chess*, ihrem musikalischen Projekt mit Tim Rice, voll beschäftigt. Nachdem sie den größten Teil des Jahres 1983 mit der Aufnahme von Demos verbracht haben, ist das folgende Jahr hauptsächlich der Produktion des Konzeptalbums gewidmet. Das Szenario des Musicals ist ein Schachspiel als Metapher für eine Liebesgeschichte und die Beziehungen zwischen Ost und West in den Jahren des Kalten Kriegs. Rice, der seit Mitte der 70er-Jahre mit der Idee liebäugelt, lässt sich von dem Schach-WM-Match 1972 zwischen Bobby Fischer und Boris Spassky in Reykjavik, Island, inspirieren. In *Chess* spielt der schwedische Sänger Tommy Körberg die männliche Hauptrolle des Russen, während Murray Head in die Rolle des Amerikaners schlüpft. Der britische Musicalstar Elaine Paige spielt Florence, die zweite Frau des amerikanischen Spielers, die sich in den Russen verliebt, und die Sängerin Barbara Dickson spielt Svetlana, die Ehefrau des Russen.

Für Björn und Benny sind die letzten ABBA-Jahre manchmal von dem Wunsch geprägt, sich von den Zwängen eines Pop-Albums zu befreien. Das von Tommy Körberg gesungene *Anthem*, einer der Höhepunkte des Musicals, ist ein typisches Beispiel dafür. Es taucht seit Mitte der 70er-Jahre immer wieder in Songwriting-Sessions auf, wird aber immer als nicht poppig genug empfunden. Andererseits gibt es Stücke wie *I Let the Music Speak* auf »The Visitors«, die wie eine Musicalnummer aufgebaut sind und bei denen die Gruppe nicht umhinkann, sie trotzdem aufzunehmen. Bei dem Musical steht es nun absolut frei, welches Musikstück aufgenommen wird, solange es zur Story passt.

Die Zusammenarbeit zwischen Björn, Benny und Tim Rice ist so eng, dass das Musical allen dreien zugeschrieben wird, ohne dass die übliche Aufteilung in Musik und Text vorgenommen wird. So hat Björn natürlich viele Beiträge zum Text geleistet. »[Björn] gab mir immer Texte, die als Quatsch-Texte gedacht waren, aber sie enthielten immer wunderbare Zeilen, die ich klauen und mir viele qualvolle Stunden ersparen konnte«, sagt Tim Rice und verweist insbesondere auf die Zeile »One night in Bangkok makes a hard man humble« aus *One Night in Bangkok,* »Mir wurde von so vielen Leuten gesagt, dass dies eine komplette Zusammenfassung meiner Brillanz sei – aber Björn hat sie geschrieben!«

Das im Oktober 1984 veröffentlichte und mit einer kurzen Europatour beworbene Doppelalbum »Chess« ist ein wahres Sammelsurium verschiedener Musikstile, von Pop und Rock bis hin zur Operette und klassischer Musik. Die Arbeit an einem solch anspruchsvollen und ehrgeizigen Projekt ist für Björn und Benny seit mehreren Jahren das ultimative Ziel, und als sie es erreicht haben, wird es manchmal – vorsichtig ausgedrückt – zu einer etwas prätentiösen Erfahrung. Die Kritiken sind jedoch im Allgemeinen positiv, in mancher Hinsicht besser als bei jedem anderen ABBA-Album. Zwei Millionen verkaufte Exemplaren sind für eine solche Produktion ein Erfolg. Die Kritiken und der kommerzielle Erfolg bestärken Björn und Benny darin, dass es richtig gewesen ist, es mit einem Musical zu versuchen. »Chess« bringt auch zwei große Hit-Singles hervor: das Duett von Elaine Paige und Barbara Dickson *I Know Him So Well*, das in Großbritannien vier Wochen lang auf Platz 1 steht, und Murray Heads Rap-Nummer *One Night in Bangkok*, ein Nummer-3-Hit in den USA. Er erreicht hier also eine bessere Chartposition als jede ABBA-Single außer *Dancing Queen* und *Take a Chance on Me*. Übrigens stammt der Refrain von *I Know Him So Well* aus dem Song *I Am an A*, mit dem ABBA während ihrer Tournee 1977 die Mitglieder dem Publikum vorstellen. Es gab noch andere Beispiele für Melodien oder Melodiefragmente in »Chess«, die aus der ABBA-Zeit stammen.

Mit dem Erfolg von »Chess« endet das Jahr 1984 für Björn und Benny mit einem Höhepunkt. Für die beiden stehen noch weitere Veränderungen an. Im November folgt der seit langem anglophile Björn Fridas Fußstapfen und zieht mit seiner Frau und seiner jüngsten Tochter nach Henley-on-Thames, Oxfordshire. Dort lebt auch der Ex-Beatle George Harrison. Björn verkauft auch alle seine Anteile an Polar Music International, und Benny folgt ihm damit zur gleichen Zeit.

In den letzten Jahren ist eine Kluft zwischen dem Team Andersson/Ulvaeus und Stig Anderson entstanden. Wo das Trio einst eng zusammengearbeitet hat, um schwedische Popmusik in die Welt zu bringen, ist Stig nun viel stärker in die geschäftlichen Belange involviert, während Björn und Benny sich zunehmend darüber ärgern, dass die Investitionsvorhaben von Polar das Kerngeschäft des Unternehmens verdrängen: glaubwürdige Popmusik zu machen. Ein Beispiel ist der Kauf einer schwedischen Investmentgesellschaft im Jahr 1982.

Nach heftigen Schwankungen an der Börse wird sie im Oktober 1983 schließlich mit einem beträchtlichen finanziellen Verlust für Stig, Björn, Benny und Agnetha veräußert. Frida hatte ihre Anteile an der Investmentgesellschaft bereits verkauft, als sie Ende 1982 nach London zieht. Zum Glück, denn sie haben zu diesem Zeitpunkt einen sehr hohen Wert. Gleichzeitig trennt sie sich auch von allen Anteilen an Polar Music International, und Agnetha folgt diesem Beispiel ein Jahr später.

Als Björn und Benny dafür sorgen, dass Stig und Polar formell nicht in das »Chess«-Projekt involviert sind, wird es deutlich, dass die Dinge nicht mehr so sind wie früher. Stattdessen gründen sie mit Tim Rice eine eigene Firma und vergeben dann die Lizenz für das Doppelalbum an Polar. Obwohl der »Chess«-Vertrag das Recht beinhaltet, einen weltweiten Vertrag mit RCA auszuhandeln, muss der Ausschluss für Stig schmerzlich gewesen sein, denn er hat während der ABBA-Jahre mehrmals die Pläne für ein gemeinsames Musical erwähnt.

▲ Benny (l.) und Bjorn (r.) mit Stig Anderson, 1984

Schon vor der Gründung von ABBA ist der Manager in Schweden eine bekannte Persönlichkeit. In den politisch geprägten 70er-Jahren liegt Stig ständig im Streit mit denjenigen, die ABBA für ihre offensichtliche Kommerzialität kritisieren. Er hat auch ein Händchen dafür, der Presse genau zu sagen, was Polar und ABBA mit ihrem Geld vorhaben, und da er in Interviews oft das Wort »wir« benutzt – also ABBA und er – entsteht der Eindruck, dass Agnetha, Björn, Benny und Frida hinter allem stehen, was Stig sagt und tut. Zusammen mit seinen plötzlichen Wutausbrüchen, die von den Mitarbeitern von Polar und Sweden Music erduldet werden, zeigt sich ein Mensch, der trotz seiner Leistungen und positiven Charaktereigenschaften schwierig ist.

Jetzt, da Björn und Benny endgültig alle Verbindungen zu Polar abgebrochen haben, versucht Stig, sich diplomatisch zu zeigen, aber seine ehemaligen Schützlinge sind etwas direkter. Björn sagt: »Wir sind beruflich auf verschiedenen Wegen unterwegs.« Benny erklärt: »Schon als wir zusammenkamen, waren wir verschieden, und es ist nicht so, dass wir uns im Lauf der Jahre näher gekommen wären. Ich will kein Teil von all dem

mehr sein. Ich will mich der Musik widmen, nicht dem Business.«

Anfang Oktober 1984, als Björn und Benny die Polar Music Studios nach der Fertigstellung von »Chess« verlassen, kommt Agnetha wegen der Aufnahmen zu ihrem zweiten englischsprachigen Album »Eyes of a Woman« für einen Monat ins Hauptstudio. Diesmal ist Eric Stewart der Produzent, ehemals Mitglied der 70er-Hitband 10cc. Das im Frühjahr 1985 veröffentlichte Album strahlt eine Produktionsästhetik aus, wie sie Mitte der 80er-Jahre üblich ist. Agnetha selbst steuert den hitverdächtigsten Song des Albums bei, das eingängige *I Won't Let You Go* mit einem Text von Stewart. Er wird die erste Singleauskopplung des Albums und erreicht die Top 10 in Schweden. Aber Agnetha gibt zu, dass das Songwriting für sie zu einer lästigen Pflicht geworden ist, ein deutlicher Kontrast zu den Anfängen ihrer Karriere, als die Melodien noch aus ihr heraussprudelten. Sie erzählt einem Reporter: »Ist Ihnen klar, wie schwer es ist, zu komponieren? Es ist so langweilig! Für diejenigen, die zu zweit arbeiten, mag es einfacher sein, aber ich habe den ganzen letzten Sommer über allein mit *I Won't Let You Go* gekämpft. Das ist nur harte Arbeit, absolut nicht glamourös.« Ansonsten besteht das Album größtenteils aus Songs, die von Musikverlagen und Eric Stewarts Freunden eingereicht worden sind, was zwar professionell, aber etwas unpersönlich klingt. Agnetha macht nicht viel Werbung und verärgert Stewart, indem sie hochkarätige Talkshows in Großbritannien ablehnt. Das Album wird außer in Schweden und in ein oder zwei europäischen Ländern kaum verkauft.

Karrieremäßig läuft es für Frida noch schlechter. »Shine«, ihr zweites Solo-Album nach ABBA wird letztendlich nicht von Phil Collins produziert, sondern von Steve Lillywhite, der durch die Zusammenarbeit mit Künstlern wie Peter Gabriel, U2 und Simple Minds be-

kannt geworden ist. »Shine« wird im Frühjahr 1984 in Paris aufgenommen und im September desselben Jahres veröffentlicht. Zum ersten Mal überhaupt versucht sich Frida als Songwriterin, und ihre zarte Ballade *Don't Do It* ist auf dem Album enthalten. Aber »Shine« landet nur in Schweden in den Top 10, was bei einem ehemaligen ABBA-Mitglied nicht verwunderlich ist. Keine der Singles wird ein nennenswerter Hit, und das Album verschwindet in der Versenkung. Frida ist sehr stolz auf das, was sie und Lillywhite erreicht haben, und glaubt anfangs, dass ihr Versuch erfolgreich ist, sich im zeitgenössischen Pop-Rock zu platzieren. Dass es anders kommt, macht sie sprachlos. Vielleicht ist das Hauptproblem, dass das Publikum von einem ehemaligen ABBA-Mitglied etwas Bestimmtes erwartet. Fridas Versuch, sich neu zu erfinden, ist weit davon entfernt.

Als das Album erscheint, schreibt Frida bereits an den Songs für ihr nächstes Album. Doch nach dem Flop überdenkt sie ihr Leben völlig neu und erkennt, dass sie sich eine Existenz aufbauen sollte, die nichts mit dem Showgeschäft zu tun hat. Ihre Affäre mit Bobo Hjert endet 1984, doch bald darauf lernt sie Ruzzo Reuss von Plauen, einen echten Prinzen, kennen und lieben und zieht mit ihm in die Schweiz. Frida zieht sich aus dem Musikgeschäft zurück, und erst viele Jahre später spricht sie davon, dass sie nach all dem, was sie während der ABBA-Jahre durchgemacht hat, heilen musste. Sie geht für den Rest der 80er-Jahre nur noch sporadisch ins Aufnahmestudio, um als Gastsängerin auf Platten anderer Musiker aufzutreten.

◀▲ Agnetha mit dem Produzenten Eric Stewart (links) und dem Toningenieur Paris Edvinsson (rechts), 1984.

▲ Frida im Studio mit dem Produzenten Steve Lillywhite in Paris, 1984.

Im Mai 1986 wird *Chess* nach einer Reihe von Rückschlägen endlich im Londoner West End uraufgeführt. Die Kritiken fallen gemischt aus, aber die Show ist erfolgreich und läuft fast drei Jahre lang im Prince Edward Theatre. Eine Broadway-Premiere im Jahr 1988 erweist sich als weniger gelungen. Die Hauptschwäche von *Chess* liegt in der Handlung, und so wird ein neues Manuskript für das Stück geschrieben. Das hat der Produktion nicht geholfen. Sie erhält vernichtende Kritiken, und die Vorstellungen werden nach nur zwei Monaten eingestellt. Am Abend der Eröffnung, nachdem die Kritiken eingetroffen sind, verspürt Björn Schmerzen in der Brust und wird mit Verdacht auf einen Herzinfarkt ins Krankenhaus gebracht. Der Flop von *Chess* in New York ist der erste große Rückschlag, den Björn und Benny erleben müssen. Außerhalb des Broadways lebt die Show jedoch weiter und wird im Lauf der Jahrzehnte auch regelmäßig in vielen verschiedenen Ländern inszeniert.

Und was ist mit ABBA? Schließlich lautet die Vereinbarung, dass die Gruppe wieder zusammenkommen

◀ Die Besetzung von Chess mit Tim Rice (vordere Reihe, dritter von rechts), Björn (hintere Reihe, zweiter von links) und Benny (hintere Reihe, zweiter von rechts), 1986.

könnte, wenn Björn und Benny die Arbeit an ihrem Musical abgeschlossen haben. In den ersten Jahren äußern sich einige der Mitglieder in dieser Hinsicht recht optimistisch. Aber die Realisierung von »Chess« – Doppelalbum und Londoner Bühnenproduktion – hat viel länger gedauert als erwartet, und als Björn und Benny wieder frei sind, ist keins der ABBA-Mitglieder mehr interessiert. Frida hat sich aus dem Musikgeschäft zurückgezogen, Agnetha ist immer weniger an Aufnahmen interessiert, und Björn und Benny sind durch den Erfolg von »Chess« ermutigt worden – was bringt es da, in die Vergangenheit zurückzukehren?

Im Januar 1986 ist Stig Anderson Thema der Sendung *This Is Your Life* im schwedischen Fernsehen, und die ABBA-Mitglieder nehmen ein lustiges Video auf, in dem sie Stigs ersten Hit *Tivedshambo* leicht chaotisch vortragen. Das ist das letzte Mal für mehrere Jahrzehnte, dass Agnetha, Björn, Benny und Frida gemeinsam in der Öffentlichkeit zu sehen sind. Vor allem aber haben sie nicht geplant, in *This Is Your Life* live aufzutreten, was darauf hindeutet, dass sich keiner mehr besonders eng mit Stig verbunden fühlt. Björn und Benny werden schließlich dazu überredet, was zu einer etwas unangenehmen Szene führt, in der die nicht gerade herzlichen Beziehungen zwischen den Songwritern und ihrem ehemaligen Manager deutlich werden.

Im August veröffentlicht Polar Music nach vielen Jahren ein Album mit dem Titel »ABBA Live«. Die Band sieht den Sinn von Live-Alben nicht ganz ein und argumentiert, dass es »langweilig sei, ›Reproduktionen‹ von Songs zu hören, die im Studio viel besser klingen«, wie Björn es ausdrückt. Schließlich lenken sie ein, halten das Projekt aber auf Distanz: Michael B. Tretow mischt das Album und Rune Söderqvist gestaltet es, aber die ABBA-Mitglieder sind nicht beteiligt. Wie zum Beweis, dass ABBAs Zeit vorbei ist, läuft das Album bei seiner Veröffentlichung schlecht. In Schweden bleibt es zwei Wochen lang auf Platz 49, bevor es ganz aus den Charts verschwindet. In anderen Ländern ist »ABBA Live« gar nicht in den Charts, und in Großbritannien erscheint es nicht einmal. Der 80er-Mix und die Tatsache, dass ABBA sich selbst nicht wirklich darum gekümmert hat, scheint die Leute von dem Album abzuschrecken.

ABBA gehört zwar der Vergangenheit an, aber Björn und Benny wollen weiterhin Pop-Platten machen. Zusammen mit dem Geschwisterduo Anders und Karin Glenmark (beide sind am »Chess«-Konzeptalbum und der anschließenden Tournee beteiligt) veröffentlichen sie 1985 ein Album mit dem Titel »Gemini«, was später auch der Name des Duos wird. Das Album ist in Schweden recht erfolgreich, erregt aber in anderen Ländern nicht viel Aufsehen. »Geminism«, ein zweites Album, das 1987 erscheint, stößt auf ebenso viel Gleichgültigkeit. Die Lieder sind so melodiös, wie man es von Björn und Benny erwartet, aber das Publikum spricht nicht auf die Sänger an, daher ist dieses zweite Album auch das letzte.

1987 veröffentlicht Benny sein erstes Soloalbum »Klinga mina klockor« (Klinget hell, ihr Glocken), das hauptsächlich aus schwedischen Volksliedern besteht. Er erwartet von dem Album keine großartigen Verkaufszahlen und ist überrascht, als es 20 Wochen lang auf Platz 1 der Charts sieht. Benny hat die Liebe des schwedischen Publikums zur Volksmusik unterschätzt. Als Komponist wird er zu einer Art nationalem Kulturgut, denn viele seiner Melodien spiegeln das Wesen Schwedens wider. Sein zweites Album »November« wird ebenso erfolgreich.

Agnetha veröffentlicht 1987 nicht weniger als zwei Alben. Das erste ist ein Kinderalbum gemeinsam mit ihrem Sohn Christian. Später im Jahr folgt das von Peter Cetera produzierte »I Stand Alone«. Wie ihre früheren Alben wird das Album in Schweden sehr erfolgreich und hält sich acht Wochen lang auf Platz 1, während es anderswo kaum Beachtung findet. Es wird nur ein Minimum an Werbung betrieben. Nachdem Agnetha im Februar 1988 in der BBC-TV-Show *Wogan* auftritt, dauert es mehr als 15 Jahre, bis sie wieder live im Fernsehen zu sehen ist. Es gibt Gerüchte über ein Nachfolgealbum, aber stattdessen verschwindet Agnetha still und leise von der Bildfläche und ist in den folgenden zehn Jahren nur noch selten zu hören. Das Leben in der Öffentlichkeit, ob bei der Werbung für neue Musik oder als Gegenstand endloser Klatschgeschichten, hat seinen Reiz für sie verloren. Wie Frida muss auch Agnetha eine neue Identität für sich entdecken.

◀ Benny mit seinem Sohn Ludvig, 1985.
▼ Agnetha, 1988.

ABBA LIVE

A B B A L I V E
Contains 3 extra tracks.
MONEY MONEY MONEY NAME OF THE GAME/EAGLE ON AND ON AND ON
829 951-2

SEITE 1

Dancing Queen
Take a Chance on Me
I Have a Dream
Does Your Mother Know
Chiquitita

SEITE 2

Thank You for the Music
Two for the Price of One
Fernando
Gimme! Gimme! Gimme!
(A Man after Midnight)
Super Trouper
Waterloo

EXTRA TRACKS ON CD

Money, Money, Money
The Name of the Game / Eagle
On and On and On

Cover:
Rune Söderqvist: Layout
J. Geary: Zeichnung
Anders Hanser: Fotografie

Erscheinungsdatum: 18. August 1986
(GB: 9. April 1992, USA: September 1986)

Label: Polar POLS 412/POLCD 412.

Anmerkungen

Die meisten Titel auf »ABBA Live« stammen von den Konzerten der Band in der Wembley Arena im November 1979, mit Ausnahme von *Fernando* und *Money, Money, Money*, die im März 1977 in Australien aufgenommen werden, und den *Dick-Cavett-Meets-ABBA*-Titeln *Two for the Price of One*, *Gimme*! *Gimme! Gimme! (A Man after Midnight)*, *Super Trouper* und *On and On and On*.

EIN AUSSER-
GEWÖHNLICHES
COMEBACK

EIN AUSSERGEWÖHN-LICHES COMEBACK

Stig Anderson erklärt 1997 in einem Interview: »Sie haben jeden einzelnen Pfennig erhalten, der ihnen zusteht«. Mit einem Anflug von Bitterkeit fügt er hinzu: »Es gibt keine Dankbarkeit auf dieser Welt.« Meint er damit die Geschäftspartner, die in eins der vielen Investitionsvorhaben von Polar Music International verwickelt gewesen sind? Nein, Stig richtet seinen Zorn und seine Enttäuschung gegen die vier Mitglieder der Band ABBA, mit denen er einst eng zusammengearbeitet hat.

Der Konflikt zwischen der Band und ihrem ehemaligen Manager hat seine Wurzeln in den langwierigen Vertragsverhandlungen zwischen den Jahren 1982 und 1984. Die ABBA-Mitglieder sind alle Teilhaber von Polar Music International, aber sie haben auch einen separaten Vertrag als Künstler. Dieser Vertrag, der die Tantiemen für die Plattenverkäufe festlegt, muss nicht zuletzt für die Zeit angepasst werden, in der keins der Mitglieder an Polar beteiligt ist. Nach langem Hin und Her einigt man sich im April 1984 darauf, dass die Tantiemen der ABBA-Mitglieder für Verkäufe außerhalb Schwedens von drei auf neun Prozent erhöht werden. Damals ist kein Vertrag unterschrieben worden, aber es gibt ein Protokoll von einem Treffen, das besagt, dass die vier von nun an die höheren Tantiemen erhalten sollen.

Fünf Jahre später (1989) beschließt der inzwischen 58 Jahre alte Stig Anderson, alle seine Musikunternehmen zu verkaufen. Keins seiner Kinder ist daran interessiert, die Geschäfte zu übernehmen, sodass er keine andere Wahl hat, als einen externen Käufer zu finden. Schließlich kommt es zu einer Einigung mit dem multinationalen Musikkonzern Polygram.

◀◀ ABBA-Coverband Björn Again mit den Bühnenakteuren (von links) Benny Anderwear, Frida Longstokin, Agnetha Falstart und Björn Volvo-us, Mai 1991 (Seite 188).

◀ Björn (links) und Benny um 1998.

»Seitdem ist die Stimmung zwischen uns nicht die beste. Wir haben nicht viel Kontakt.«

Stig

Als die Papiere zur Vorbereitung der Übernahme durch Polygram geprüft werden, entdeckt einer der Vertreter der ABBA-Mitglieder, dass die Tantiemen der Band nicht an die Bedingungen der Vereinbarung vom April 1984 angepasst worden sind: Sie hatten immer noch den gleichen Anteil von drei Prozent. Als er damit konfrontiert wird, argumentiert Stig, dass die höheren Tantiemen davon abhängig gewesen waren, dass sich die ABBA-Mitglieder wieder zusammenfinden und ein neues Album aufnehmen. Da dies nicht geschehen ist, wird das Honorar nicht erhöht. ABBAs Vertreter behaupten, dass es keine solchen Bedingungen im Vertrag gegeben habe. Als es den Parteien nicht gelingt, den Konflikt zu lösen, sehen die ABBA-Mitglieder keine andere Möglichkeit, als eine Klage gegen Polar Music International einzureichen.

Dieser Konflikt wird erst im Juli 1990 öffentlich bekannt und bildet einen traurigen Schlusspunkt der glorreichen Geschichte von Stig und ABBA. Stig ist überzeugt, dass er im Recht ist, und will den Fall vor Gericht verhandeln lassen. Polygram, die neuen Polar-Eigentümer, sind jedoch mehr daran interessiert, eine gute Beziehung zu den ABBA-Mitgliedern zu haben. Sie wollen einen öffentlichen Streit vermeiden. Es wird eine außergerichtliche Einigung erzielt. Allerdings macht der Konflikt jede Möglichkeit zunichte, dass Stig und ABBA sich wieder anfreunden. Stig äußert 1997: »Seitdem ist die Stimmung zwischen uns nicht die beste. Wir haben nicht viel Kontakt.« Er versöhnt sich schließlich mit Frida, aber die Beziehung zu den anderen Bandmitgliedern bleibt frostig.

Für ABBA ist der Start in das neue Jahrzehnt sicherlich deprimierend, aber innerhalb von ein paar Jahren sollte sich alles zum Besseren wenden, und zwar in einem Ausmaß, das niemand vorhersehen konnte. Obwohl ABBA in den 80er-Jahren weitgehend ignoriert wird, gibt es immer noch eine große Fangemeinde. Die Musik ist zwar an Labels lizenziert worden, die sich auf Billigveröffentlichungen spezialisiert haben, was viel über ABBAs damaligen Ruf aussagt, aber die vielen schlecht verpackten CDs, die den Markt überschwemmen, haben sich sehr gut verkauft. Kenner mögen ABBA als einen uncoolen Witz aus den 70er-Jahren in schrecklichen Kostümen betrachtet haben, aber es gibt viele, die sich nicht darum scheren, was cool ist und was nicht, und die die Musik trotzdem genießen.

Als die eifrigsten Fans aus der Blütezeit von ABBA später erwachsen werden, befinden sich viele homosexuelle Männer darunter. In der homosexuellen Gemeinschaft setzt das ABBA-Revival in den späten 80er-Jahren ein, als viele der Fans in den Zwanzigern sind und in den Clubs die Musik hören wollen, mit der sie aufgewachsen sind. ABBA erfüllt viele Kriterien, die man oft mit dem Geschmack von homosexuellen Männern in Verbindung bringt – eine Sängerin mit einem Hauch von königlicher Diva (Frida) und eine verzweifelte Frau, die mit allen möglichen Widrigkeiten zu kämpfen hat (Agnetha), Herzschmerzballaden und hedonistische Discomusik. Diese Entwicklung überrascht also nicht, auch wenn Björn und Benny für immer rätseln werden, warum eine Band, die aus zwei heterosexuellen Paaren besteht, zu einer Ikone der Homosexuellen wird.

Im Sommer 1992 veröffentlicht das Synthieduo Erasure mit seinem homosexuellen Sänger Andy Bell die EP »Abba-esque« mit ABBA-Covern. Die EP beschert ihnen ihre einzige Nr. 1 in den britischen Single-Charts, wird aber auch in vielen anderen Ländern ein großer Hit. Zu allen vier Songs werden Videos gedreht, und in dem Video zu *Take a Chance on Me* verkleidet sich das Duo als Agnetha und Frida und betont damit den homosexuellen Bezug. Der Erfolg von »Abba-esque« deutet auch darauf hin, dass die Zeit für ein ABBA-Revival reif ist, was bereits die vielen Tribute-Bands zeigen, von denen die australische Band Björn Again die erfolgreichste ist.

Im September 1992, als Polygram die Kompilation »ABBA Gold« veröffentlicht, bestätigt sich der Eindruck. Die Plattenfirma hat gewartet, bis alle weltweiten Lizenzverträge von Polar ausgelaufen sind, um sich mit dem ABBA-Katalog zu beschäftigen. In dem Bemühen, ABBA aus der Nostalgie der 70er-Jahre herauszuholen und stattdessen die Musik in den Vordergrund zu stel-

»Es ist ziemlich fantastisch, dass es die Musik immer noch gibt und dass sie uns nicht gekillt haben, weil wir damals so kitschig waren.«

Benny

◀ »Abba-Esque« von Erasure, 1992.

▶ Andy Bell, Leadsänger von Erasure, zollt ABBA Tribut. Edinburgh Playhouse, Schottland, 1992.

len, erscheint das Album in einer einfachen Verpackung, die nur den Titel und das ABBA-Logo vor schwarzem Hintergrund zeigt. »ABBA Gold« landet in mehreren Ländern auf Platz 1. Das Album verkauft sich auch nach über drei Jahrzehnten mit inzwischen über 30 Millionen Exemplaren immer noch gut. In Großbritannien ist es zum Zeitpunkt der Erstellung dieses Buchs das einzige Album, das mehr als 1000 Wochen in den Top 100 der Album-Charts verbracht hat.

Zwei australische Komödien, beide 1994 erschienen, unterstreichen den Stellenwert von ABBA in der modernen Popkultur. *Priscilla – Königin der Wüste* bewegt sich im homosexuellen Umfeld und begleitet drei Drag Queens mit vielen Anspielungen auf ABBA auf einer Reise durch die Wüste. *Muriels Hochzeit* handelt von einem Mädchen, das ABBAs Musik als Flucht vor den Härten des Lebens nutzt, und öffnet der Welt die Augen für die Tatsache, dass ABBA eine starke emotionale Wirkung auf die Menschen hat, die über das Wegwerf-Pop-Etikett weit hinausgeht.

Der außergewöhnliche Erfolg von »ABBA Gold« verlangt nach einem Nachfolgealbum, und 1993 veröffentlicht Polygram »More ABBA Gold«, eine Sammlung von Hits, die aus Platzgründen nicht auf »ABBA Gold« erschienen waren, zusammen mit ein paar B-Seiten und

▲ Priscilla – Königin der Wüste (The Adventures of Priscilla, Queen of the Desert), 1994.

▶▲ Muriels Hochzeit, 1994.

einer Reihe von Albumtracks. Auf der Sammlung ist auch der unveröffentlichte Song *I Am the City* zu finden, der aus den abgebrochenen Albumsessions von 1982 stammt.

Es sagt einiges über das außergewöhnliche Comeback der Band aus, dass dieser zweite Teil der Kompilation schließlich mehr als zwei Millionen Mal verkauft wird, viel mehr, als die meisten Künstler von ihren Hauptwerken verkaufen. 1994 folgt die obligatorische 4-CD-Box, die einen Überblick über die Hits und Album-Tracks sowie eine Auswahl an bisher unveröffentlichten Aufnahmen und Session-Outtakes bietet.

Die ehemaligen ABBA-Mitglieder beobachten ihre Rückkehr in die Öffentlichkeit mit einigem Befremden, denn keiner von ihnen hat wirklich erwartet, dass ihre Musik noch nach ihrer aktiven Zeit zu hören wäre, außer vielleicht in ein paar Oldiesendern. Für Björn und Benny, die sich auf einer Entwicklungsreise befinden, Musicals schreiben und sich in einem anspruchsvolleren Umfeld bewegen, ist es rätselhaft, dass so viele Menschen zu der Musik zurückkehren wollen, der sie selbst entwachsen zu sein glauben. 1992 sagt Benny: »Wir waren extrem kitschig, denke ich. Es ist ziemlich fantastisch, dass es die Musik immer noch gibt und dass sie uns nicht gekillt haben, weil wir damals so kitschig waren.«

Zeitgleich mit dem ABBA-Revival arbeiten Björn und Benny an einem neuen Bühnenmusical. 1990 beschließen Björn und Lena, zurück nach Schweden zu ziehen – 1986, während ihres Aufenthalts in Großbritannien, ist ihre zweite Tochter Anna geboren worden –, vielleicht, um Björn und Benny die gemeinsame Arbeit an einem so großen Projekt wie einem Musical zu erleichtern.

Das Werk basiert auf einer berühmten Romanreihe des schwedischen Autors Vilhelm Moberg und handelt von den Schwierigkeiten schwedischer Einwanderer in den USA im späten 19. Jahrhundert. Das Musical mit dem Titel *Kristina från Duvemåla* (Kristina aus Duvemåla), das im Herbst 1995 in Malmö uraufgeführt wird, ist ein großer Erfolg bei den Kritikern und verkauft sich auch sehr gut. Die Musik, die weitgehend auf schwedischen Volksmusiktraditionen basiert, festigt auch Benny Anderssons Status als nationaler Komponist. *Kristina* ist das erste Werk, bei dem die Musik Andersson zugeschrieben wird und der Text Ulvaeus. In den ABBA-Jahren hatten sie die Musik immer gemeinsam geschrieben. Benny ist schon immer der musikalische Motor der Partnerschaft gewesen, und die Aufteilung zwischen Musik und Text hat schon in den *Chess*-Tagen begonnen. Das Musical wanderte weiter nach Göteborg und Stockholm, und als *Kristina från Duvemåla* im Juni 1999 ausläuft, haben es in einem Land mit damals weniger als neun Millionen Einwohnern mehr als eine Million Menschen gesehen. Die Versuche, das Stück außerhalb der nordischen Länder aufzuführen, sind jedoch weniger erfolgreich. Auf Workshops in New York City folgen 2009 einige Konzerte in der Carnegie Hall und 2010 in der Royal Albert Hall in London, doch das Interesse an der Inszenierung einer so düsteren und »folkloristischen« Geschichte ist hier gering. Die Show dauert mehr als drei Stunden und ist für diejenigen, die sich nur schwer auf die Leiden der Hauptfiguren einlassen können, eine harte Prüfung.

Die weibliche Hälfte von ABBA hält sich in der ersten Hälfte der 90er-Jahre ziemlich bedeckt, obwohl Frida als Umweltaktivistin in Erscheinung tritt. Angefangen hat alles damit, dass sie einen Artikel über die Versauerung

von Waldböden liest, der in ihr das Gefühl weckt, etwas dagegen tun zu müssen. Zunächst gründet sie eine Umweltorganisation namens Artister för Miljö (Künstler für die Umwelt). Im Sommer 1992 veröffentlicht Artister för Miljö in Schweden eine Single, auf der Frida den Song *Saltwater* von Julian Lennon singt, und organisiert ein Konzert im Innenhof des Stockholmer Königspalasts. Der König selbst erteilt die Erlaubnis, eine öffentliche Veranstaltung im Hof abzuhalten. Frida trägt *Saltwater* vor und singt im Duett mit Marie Fredriksson von Roxette den Louis-Armstrong-Hit *What a Wonderful World*.

Es ist keine Überraschung, dass der König seine Zustimmung gegeben hat. Durch ihre Beziehung zu Ruzzo Reuss ist Frida mit dem König und der Königin von Schweden befreundet. Ruzzos Mutter war Schwedin, und als Jugendlicher ist er auf das exklusive Lundsberg-Internat in Schweden gegangen, wo er sich mit Schwedens künftigem König Carl XVI Gustaf angefreundet hat.

Im August 1992 heiraten Frida und Ruzzo schließlich in einer schlichten Zeremonie in der Kirche von Hørsholm in Dänemark. Durch die Heirat erhält Frida formell den Titel einer Prinzessin, den sie allerdings nach eigenen Angaben im Alltag nie verwendet hat. Ihr Lebensweg verläuft äußerst bemerkenswert, fast wie ein Märchen. Sie beginnt als ausgestoßenes Waisenkind, wird dann zum Popstar und ist schließlich eine echte Prinzessin.

Was passiert aber mit ihrer Gesangskarriere? 1996 überrascht sie das Publikum mit der Veröffentlichung ihres ersten Albums in zwölf Jahren. Vor allem ist »Djupa andetag« (Tiefe Atemzüge) in schwedischer Sprache

◄▼ Björn (links) und Benny arbeiten zusammen am Musical *Kristina från Duvemåla* (*Kristina aus Duvemåla*), 1995.

▼ Benny spielt live Akkordeon mit der schwedischen Folkband Orsa Spelmän, 1996.

erschienen, da sie sich nicht in der Lage gefühlt hat, ein internationales Album mit all den damit verbundenen Werbemaßnahmen und Promotionsreisen zu veröffentlichen. Das Album soll die 50-jährige Frau widerspiegeln, die sie damals ist. Der Produzent Anders Glenmark – der nach seiner Zeit bei Gemini zu einem erfolgreichen Künstler aufgestiegen ist – liefert den Großteil der Musik und der Texte und kanalisiert ihre Gedanken und Gefühle. »Djupa andetag« wird in Schweden ein großer Hit und landet mit mehr als 100.000 verkauften Exemplaren auf Platz 1.

Etwa zur gleichen Zeit erlebt Agnetha eine Art Wiederauferstehung, nachdem man mehr als acht Jahre lang kaum etwas von ihr gehört oder gesehen hat. Trotz ihres bescheidenen Lebens sind diese Jahre jedoch dramatisch genug gewesen. Agnethas Verlobung mit dem Polizeiinspektor Torbjörn Brander wird 1984 aufgelöst, und danach ist sie mit ein oder zwei anderen Männern liiert. Im Dezember 1990 wird plötzlich bekannt, dass sie den Chirurgen Tomas Sonnenfeld geheiratet hat, doch weniger als zwei Jahre später, im November 1992,

▲ Frida, jetzt Prinzessin Reuss, mit Prinz Heinrich Ruzzo Reuss von Plauen, den sie im August 1992 heiratet.

▶▲ Agnetha, 1998.

reicht das Paar die Scheidung ein. Im Januar 1994 verstirbt ihre Mutter Birgit und im Dezember 1995 ihr Vater. Beide sind in ihren letzten Lebensjahren von Krankheit gezeichnet gewesen. Als sie über die turbulente erste Hälfte des Jahrzehnts nachdenkt, sagt Agnetha: »Wenn ich an die letzten Jahre denke, dann waren die nicht gerade freundlich zu mir. Die Einsamkeit liegt schwer auf meiner Seele.« Dieses Zitat stammt aus einem offiziellen Buch, das die Journalistin Brita Åhman, eine Freundin und Vertraute, über sie geschrieben hat. Das Buch ist schon lange in Arbeit gewesen – seit 1983 –, aber nach Agnethas Busunfall und den darauf folgenden Spekulationen der Presse hatte sie das Interesse verloren. Mit

»Wenn ich an die letzten Jahre denke, dann waren die nicht gerade freundlich zu mir.«

Agnetha

der Rückkehr von ABBA tauchen jedoch immer mehr Artikel auf, die Agnetha für Klatsch und Tratsch hält, und so sagt sie zu, als Brita vorschlägt, dass sie das Projekt wieder aufleben lassen sollten. Dies ist die Gelegenheit, die Dinge richtig zu stellen. Das Buch mit dem Titel *As I Am*, das 1996 auf Schwedisch und 1997 auf Englisch veröffentlicht wird, ist allerdings eine ziemliche Enttäuschung. Es enthält viele interessante Informationen und Reflexionen über Agnethas Leben, aber ein Großteil des schmalen Bands besteht aus Åhmans Erzählung, und man kann sich des Eindrucks nicht erwehren, dass Agnetha die meiste Energie darauf verwendet hat, zu entscheiden, worüber sie nicht sprechen will, anstatt ihre Erinnerungen und Einsichten in einem größeren Umfang zu teilen.

Zusammen mit dem Buch erscheint in Schweden eine Doppel-CD über Agnethas Karriere als Sängerin mit dem Titel »My Love, My Life« – benannt nach der ABBA-Ballade, die erstmals auf dem Album »Arrival« zu hören ist. Es handelt sich um eine schöne Chronik ihrer Karriere, die jedoch nicht in den Top 20 landet. Auch das Buch erhält schlechte Kritiken und verkauft sich enttäuschend, zweifellos auch deshalb, weil Agnetha weder für das Buch noch für die CD Werbung macht. Nach diesen Veröffentlichungen wird es wieder still um sie.

Während das ABBA-Revival voranschreitet und seine ehemaligen Protagonisten wieder im Rampenlicht stehen, zieht sich Stig Anderson immer mehr zurück und leidet unter seinem schlechten Gesundheitszustand. Mitte der 80er-Jahre haben er und Gudrun sich scheiden lassen, nachdem sie entdeckt hat, dass er eine Affäre mit einer anderen Frau hat. Sie versöhnen sich zwar wieder, haben aber nie wieder geheiratet. Stig hat schon immer gern zu tief ins Glas geschaut, aber leider gehört er auch zu den Menschen, die gemein und streitlustig werden, wenn sie zu viel getrunken haben. Zweifellos hat das damals auch seine Beziehungen zu den ABBA-Mitgliedern beeinträchtigt.

Nach dem Verkauf seiner Firmen weiß Stig nicht mehr viel mit seiner Zeit anzufangen, und das Leben scheint nicht mehr viele interessante Herausforderungen für den ambitionierten Mann bereitzuhalten. Einige Zeit bleibt er als Berater für die Zusammenstellung von Kompilations-CDs und dergleichen bei Sweden Music / Polar Music. Aber sein Alkoholkonsum wird immer schlimmer, und Mitte der 90er-Jahre tut er nicht mehr viel, außer am Küchentisch zu sitzen und Long John Whisky mit Club Soda zu trinken.

◀ Stig und Gudrun Anderson, 1990.

»Die letzten paar Jahre waren hart. Stig war so krank und hatte seinen Lebenswillen verloren … Ich denke, es war gut für ihn, dass sein Leben zu Ende war. Er hat es gar nicht mehr genossen.«

Gudrun Anderson

Stig verwendet einen Teil des Gelds aus dem Verkauf seiner Unternehmen, um den Polar Music Prize zu stiften. Der Preis wird in der Regel in jedem Jahr an zwei verschiedene Preisträger verliehen, meist an einen Komponisten für Popmusik und einen für klassische Musik. Im ersten Jahr (1992) erhält Paul McCartney eine Million Kronen, und die drei baltischen Staaten (Litauen, Lettland und Estland) erhalten eine weitere Million Kronen für die Einrichtung von Organisationen zur Wahrnehmung von Aufführungsrechten. Die jährliche Verleihung des Polar Music Prize ist so ziemlich die einzige Gelegenheit, bei der Stig in den 90er-Jahren in der Öffentlichkeit zu sehen ist.

Am Morgen des 12. September 1997 ist Stig zu Hause. Nur die Putzfrau leistet ihm Gesellschaft, während Gudrun im Ausland im Urlaub ist. Plötzlich erleidet er einen Herzinfarkt und bricht zusammen. Die Putzfrau ruft sofort seine Tochter Marie an, deren Büro in der Nähe ist. Sie eilt herbei, aber es ist zu spät. Die Ärzte sagen später, dass Stig bereits tot gewesen sei, bevor er auf dem Boden aufgeschlagen ist. Er ist nur 66 Jahre alt geworden.

Björn, Benny und Frida nehmen an der Beerdigung teil, während Agnetha einen Kranz schickt. Wie auch immer man zu diesem umstrittenen Mann stehen mag – das Schicksal von jemandem, der so erfolgreich schwedische Popmusik in der ganzen Welt bekannt gemacht hat, macht einen doch sehr betroffen. Kurz nach seinem Tod erklärt Grudrun: »Die letzten paar Jahre waren hart. Stig war so krank und hatte seinen Lebenswillen verloren … Ich denke, es war gut für ihn, dass sein Leben zu Ende war. Er hat es gar nicht mehr genossen.«

ABBA GOLD – GREATEST HITS

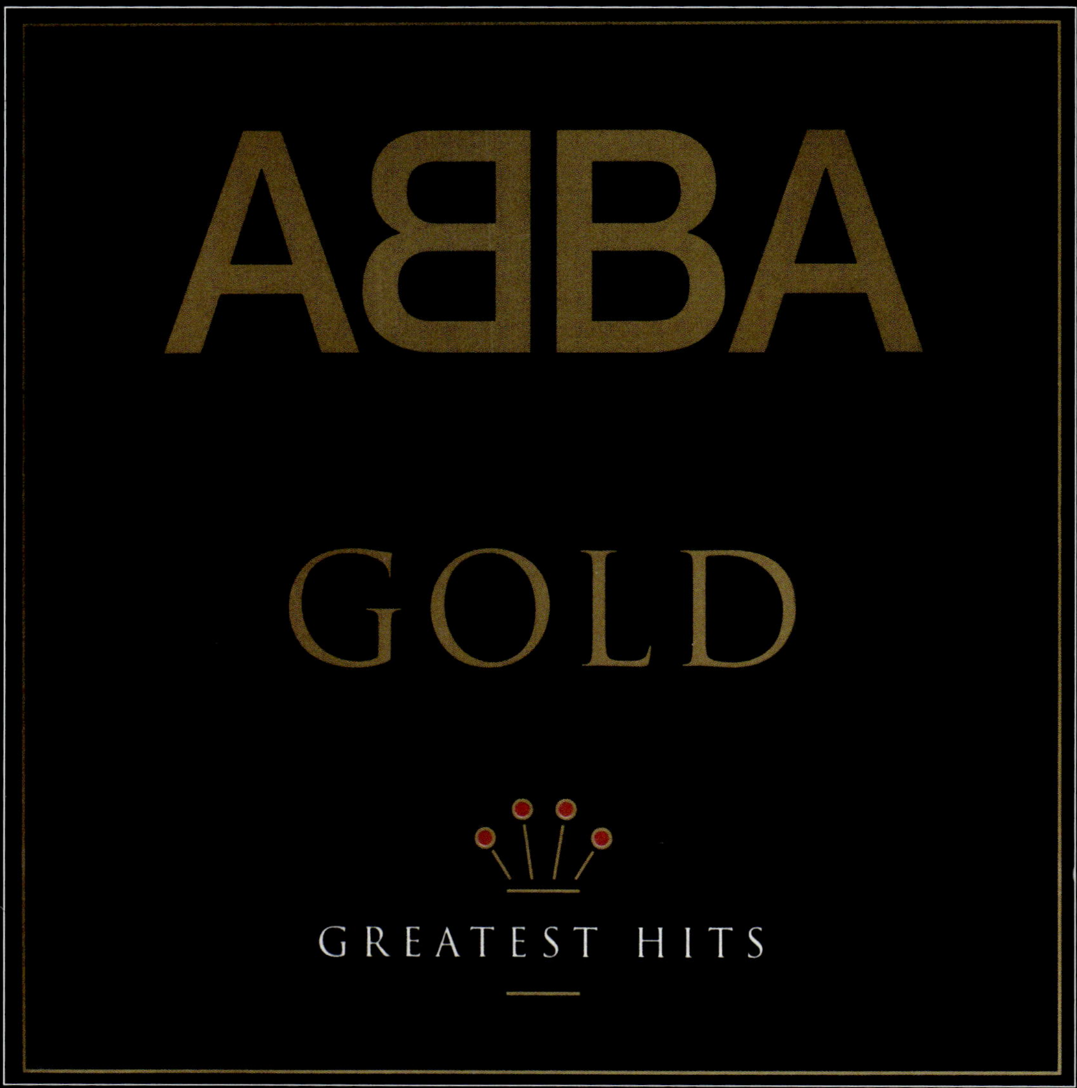

TRACKLISTE

Dancing Queen
Knowing Me, Knowing You
Take a Chance on Me
Mamma Mia
Lay All Your Love on Me
Super Trouper
I Have a Dream
The Winner Takes It All
Money, Money, Money
SOS
Chiquitita
Fernando
Voulez-Vous
Gimme! Gimme! Gimme!
(A Man after Midnight)
Does Your Mother Know
One of Us
The Name of the Game
Thank You for the Music
Waterloo

Cover:
Icon: Layout

Erscheinungsdatum: 21. September 1992
(GB: 21. September 1992, USA: 21. September 1993)

Label: Polydor 517 007-2

Anmerkungen
Um der damals begrenzten Spielzeit auf CDs Rechnung zu tragen, sind die Promo-Version von *The Name of the Game*, die auch auf »The Singles – The First Ten Years« enthalten ist, und eine bearbeitete Version von *Voulez-Vous* auf »ABBA Gold« enthalten. Auf späteren Ausgaben der CD sind die ursprünglichen Versionen zu finden. *Thank You for the Music* wird nie wirklich ein Welthit, ist aber dennoch anstelle von Hits wie *Ring Ring*, *I Do, I Do, I Do, I Do, I Do* und *Summer Night City* auf der CD enthalten.

MORE ABBA GOLD – MORE ABBA HITS

TRACKLISTE

Summer Night City
Angeleyes
The Day before You Came
Eagle (Single-Version)
I Do, I Do, I Do, I Do, I Do
So Long
Honey, Honey
The Visitors
Our Last Summer
On and On and On
Ring Ring
I Wonder (Departure)
Lovelight
Head over Heels
When I Kissed the Teacher
I Am the City
Cassandra
Under Attack
When All Is Said and Done
The Way Old Friends Do

Cover:
Icon: Layout

Erscheinungsdatum: 24. Mai 1993
(GB: 24. Mai 1993, USA: 1994)

Label: Polydor 519 353-2

Anmerkungen
Dieses Album enthält die restlichen internationalen Singles von ABBA, die nicht auf »ABBA Gold« zu finden sind: *Ring Ring*, *Honey, Honey*, *I Do, I Do, I Do, I Do, I Do*, *Summer Night City*, *Angeleyes* (in einigen Ländern als doppelte A-Seite mit *Voulez-Vous* erschienen), *Head over Heels*, *The Day before You Came* und *Under Attack*. Die Version von *The Visitors* ist eine Promo-Version, und *Eagle* wird in der Single-Version präsentiert, die ursprünglich 1978 erschienen ist.

EIN MUSICAL
UND EIN MUSEUM

MAMMA MIA!

EIN MUSICAL UND EIN MUSEUM

Die sogenannten Jukebox-Musicals – geschaffen auf der Grundlage bereits veröffentlichter Songs – sind kein neues Phänomen. So basieren zum Beispiel alte Hollywood-Musicals wie *Singin' in the Rain* auf Melodien, die schon seit Jahrzehnten bekannt sind. Aber kein Jukebox-Musical ist jemals so erfolgreich gewesen wie *Mamma Mia!*

Die Produzentin Judy Craymer ist eine langjährige Freundin von Björn und Benny. In den frühen 80er-Jahren ist sie die Assistentin von Tim Rice und arbeitet eng mit dem Trio zusammen, das »Chess« produziert hat. Seitdem hat sie die Idee, dass es möglich sein sollte, etwas Ähnliches aus den ABBA-Songs zu machen. Björn und Benny reagieren skeptisch, sagen ihr aber, dass sie sich ihren Vorschlag anhören würden. Mitte der 90er-Jahre erwärmt sich zumindest Björn für die Idee. Wie er zugibt, vermisst er die Tage von *Chess*, als er sich um eine Show im Londoner West End »kümmern« musste: »Ich habe mir gesagt: ›Warum habe ich hier keine Show; andere Leute haben hier Shows. Ich sollte auch eine haben.‹«

Es gibt einen Durchbruch, als die Autorin Catherine Johnson endlich eine brauchbare Geschichte gefunden hat, die die ABBA-Songs auf einigermaßen glaubwürdige Weise miteinander verbindet. Ihre Handlung dreht sich um die Hochzeit eines jungen Paars, die auf einer griechischen Insel stattfinden soll. Die Braut weiß nicht, wer ihr Vater ist, nur dass es einer von drei Männern sein kann. Sehr zur Bestürzung ihrer Mutter, die sich mit den Vorkommnissen von vor zwei Jahrzehnten konfrontiert sieht, lädt sie alle drei zur Hochzeit ein. Der Schlüssel zum Erfolg liegt im Kontrast der frühen ABBA-Songs zu ihren späteren Werken. Björn sagt: »Am Anfang unserer Karriere waren die Lieder eher unschuldig und naiv, gegen Ende wurden sie reifer. Und es waren Frauen, die sie gesungen haben. Das war der Ausgangspunkt für eine Geschichte über eine Mutter und eine Tochter.«

»Am Anfang unserer Karriere waren die Lieder eher unschuldig und naiv, gegen Ende wurden sie reifer. Und es waren Frauen, die sie gesungen haben. Das war der Ausgangspunkt für eine Geschichte über eine Mutter und eine Tochter.«

Björn

Die Premiere im Prince Edward Theatre – wo auch *Chess* ursprünglich aufgeführt worden ist – findet am 6. April 1999 statt, auf den Tag genau 25 Jahre nach dem Sieg von ABBA beim Eurovision Song Contest mit *Waterloo*. Die Beteiligten behaupten, das Datum habe halt in den Terminplan der Regisseurin Phyllida Lloyd gepasst, aber – Zufall oder nicht – der Umstand ist der Traum eines jeden Marketingspezialisten. Björn atmet einmal tief durch und macht sowohl für die Show als auch für ABBAs 25-jähriges Jubiläum Werbung. Der eher medienscheue Benny meint, Björn sollte für all die Interviews, die er gegeben hat, einen Preis bekommen.

Benny bleibt hinsichtlich der Prognose für die Show bis zum Premierenabend skeptisch. Der begeisterte Empfang des Publikums für diese Wohlfühlproduktion beweist, dass er falsch gelegen hat. Judy Craymer er-

◄◄ *Mamma Mia!*, 2008 (von links): Christine Baranski, Meryl Streep, Julie Walters (Seite 206).

◄ Björn und Frida besuchen die Uraufführung des Films *Mamma Mia!* im Odeon Leicester Square in London, 30. Juni 2008.

innert sich: »[Benny] drehte sich zu mir um und sagte: ›Du kannst es jetzt sagen.‹ Ich erwiderte: ›Ich habe es dir ja gesagt!‹«

Durch die Aufmerksamkeit für das Musical und die Band erreicht das ABBA-Revival ganz neue Dimensionen, obwohl einige das Phänomen als vorübergehende Phase von ein oder zwei Jahren gesehen haben. »ABBA Gold« kehrt auf Platz 1 in Großbritannien zurück, und das Musical wird ein größerer Erfolg als das Produktionsteam zu hoffen gewagt hat. Der stets vorsichtige Björn glaubt, dass die Show ein paar Jahre im West End laufen wird, aber sie existiert nun schon seit mehr als zwei Jahrzehnten.

Mamma Mia! wird anschließend in fast allen Ländern der Welt in lokalen Produktionen aufgeführt. Die New Yorker Version läuft seit 14 Jahren und ist damit die neuntlängste Show in der Geschichte des Broadways. Die Inszenierungen werden weltweit von mehr als 60 Millionen Menschen gesehen.

2008 wird das Musical mit Meryl Streep als Mutter Donna, Amanda Seyfried als Tochter Sophie und Pierce Brosnan, Colin Firth und Stellan Skarsgård in den Rollen der drei möglichen Väter verfilmt. Auch hier übertrifft der kommerzielle Erfolg die kühnsten Träume. *Mamma Mia! The Movie* ist der fünfterfolgreichste Film des Jahres 2008 und steht ganz oben auf allen möglichen Listen der besten Filme aller Zeiten. Die nicht gerade überragende Gesangsleistung einiger Schauspieler – nicht zuletzt von Pierce Brosnan, dessen Stimme mal als »Wasserbüffel« und mal als »verwundeter Waschbär« beschrieben wird – hat dem Erfolg des Films keinen Abbruch getan. 2018 vereint die Fortsetzung *Mamma Mia! Here We Go Again* die Originalbesetzung und fügt eine Reihe weiterer Stars hinzu, darunter Cher und Andy Garcia. Es wird ebenfalls ein großer Erfolg.

Mamma Mia! in allen Varianten, zusammen mit einer allmählichen Neubewertung von ABBAs Platz in der Geschichte der Popmusik, haben den Status der Band

◀ Benny (rechts) am Premierenabend auf der Bühne mit dem Ensemble des Musicals *Mamma Mia!*, 1999.

▶ Filmposter von *Mamma Mia!* (2008) und *Mamma Mia! Here We Go Again* (2018).

▼ *Mamma Mia! Here We Go Again* (von links): Jessica Keenan Wynn, Lily James, Alexa Davies.

gefestigt und sie zu einem Bezugspunkt in allen möglichen kulturellen Kontexten gemacht. Wenn Agnetha, Björn, Benny und Frida geglaubt haben, dass ihre Identität als ehemalige ABBA-Mitglieder jemals aus den Köpfen der Öffentlichkeit verschwinden würde, müssen sie nun akzeptieren, dass dies nie der Fall sein wird. Anfang des neuen Jahrtausends gibt Benny, der immer bestrebt gewesen ist, sich musikalisch weiterzuentwickeln, zu, dass er stolz und glücklich über das Revival von ABBA gewesen ist. Er äußert aber auch besorgt, dass es ein »Armutszeugnis« sei, wenn »der größte Erfolg von etwas kommt, das vor 20 Jahren gemacht worden ist«. Aber mit dem fulminanten Erfolg von *Mamma Mia!* muss sogar er akzeptieren, dass ABBA und ihr Erbe immer alles überschatten werden, was er als Musiker zu erreichen versucht hat. Zusammen mit Frida fährt er im Jahr 2010 sogar nach New York City, um der Aufnahme von ABBA in die Rock and Roll Hall of Fame beizuwohnen, was ein oder zwei Jahrzehnte zuvor noch undenkbar gewesen wäre.

Für Agnetha, die das Rampenlicht immer noch so gut es geht meidet, beginnt das neue Jahrtausend alles andere als erfreulich. Ende der 90er-Jahre beginnt sie eine Beziehung mit dem niederländischen ABBA-Fan Gert van der Graaf. Er ist seit langem von Agnetha besessen und geht sogar so weit, ein Haus in der Nähe ihres Hofs auf der Insel Ekerö vor Stockholm zu kaufen. Trotz dieser deutlichen Warnzeichen gibt Agnetha seinem Werben nach, und die beiden werden ein Paar. Nach einiger Zeit erkennt sie jedoch, dass die Beziehung nicht funktioniert und trennt sich im September 1999 von ihm. Van der Graaf weigert sich, ihre Entscheidung zu akzeptieren und beginnt, sie zu verfolgen. Im Lauf von fünf Monaten schickt er ihr 86 Briefe und taucht regelmäßig vor ihrem Haus auf. Agnetha zeigt ihn schließlich bei der Polizei an, und der Fall kommt vor Gericht. Im anschließenden Prozess ergeht eine einstweilige Verfügung gegen van der Graaf und er wird aufgefordert, das Land zu verlassen.

◀◀ Benny und Frida feiern ABBAs Aufnahme in die Rock and Roll Hall of Fame im Waldorf Astoria Hotel in New York, 15. März 2010.

◀ Agnetha bei einem Spaziergang in der Nähe ihres Hauses in Schweden, 1999. Sie wird von der Presse als Einsiedlerin bezeichnet.

Schon vor dieser traurigen Geschichte bezeichnet die Presse Agnetha als »Einsiedlerin« und vergleicht sie mit Greta Garbo, die »allein sein will«, oder mit einer weiblichen Version von Howard Hughes, die sich eingesperrt auf ihrer Farm weigert, andere Menschen zu sehen. Die Wahrheit ist, dass sie ein ziemlich normales Leben führt, so »normal« wie es für eine finanziell unabhängige Frau sein kann. Sie verbringt ihre Zeit damit, sich um die Pferde und Hunde auf ihrem Hof zu kümmern, ihre Enkelkinder zu sehen, sich mit Freunden zu treffen, auf Partys zu gehen, und manchmal wird sie beim Einkaufen in der Stockholmer Innenstadt gesehen. Sie ist einfach nicht an einem Leben in der Öffentlichkeit interessiert. Sie gibt zu, dass sie nach dem Ende ihrer Karriere musikmüde und lärmempfindlich geworden sei. Vielleicht hat sie, wie Frida, auch Zeit gebraucht, um sich nach der intensiven ABBA-Zeit wieder zu sammeln.

Aber Agnetha betont auch, dass sie keine Türen verschlossen habe, und überrascht 2004 alle, als sie ins Tonstudio zurückkehrt und ein brandneues Album aufnimmt. Agnetha erklärt, dass der Hauptgrund dafür die vielen Briefe von Fans gewesen seien, die ihre Stimme vermisst haben. »My Colouring Book«, eine gut produzierte Sammlung von Coversongs, die sie hauptsächlich in ihrer Jugend gemocht hat, erreicht in Schweden Platz 1, in einigen Ländern die Top 10 und in Großbritannien Platz 12 – ein besseres Ergebnis als alle ihre vorherigen Soloalben. Werbung wird wie immer nur wenig gemacht. Es gibt zwar ein TV-Special und einige wenige Interviews mit Printmedien, aber das war es auch schon.

Agnetha hat gedacht, dies würde ihr letztes Album sein. Aber 2011 wird sie vom Produzenten und Songwriter Jörgen Elofsson angesprochen, einem der erfolgreichen Hitmacher, die Schweden seit den 90er-Jahren hervorgebracht hat. Zu seinen früheren Arbeiten gehören unter anderem Songs für Britney Spears, Westlife und Kelly Clarkson. Elofsson und sein Arrangeur Peter Nordahl haben eine Reihe von Songs, von denen sie

glauben, dass sie für Agnetha geeignet sein könnten. Es kommt zu einem Treffen, und ihre Reaktion ist sehr positiv. Sie erinnert sich: »Ich konnte einfach nicht ›Nein‹ sagen. Ich mochte die Songs von Anfang an sehr.« Im Mai 2013 erscheint ein modern klingendes Hit-Album mit dem schlichten Titel »A«, das ihre erfolgreichste Solo-Veröffentlichung wird und in mehr als zehn Ländern die Top 10 erreicht. Besonders hervorzuheben ist, dass sie für das Album zum ersten Mal seit fast 30 Jahren einen neuen Song geschrieben hat. *I Keep Them on the Floor beside My Bed* mit einem Text von Jörgen Elofsson ist eine fesselnde Ballade, die an ihren Songwriting-Stil aus der Mitte der 70er-Jahre erinnert.

Zweifellos ist ein Teil von Agnethas Erfolgs darauf zurückzuführen, dass sie mehr Werbung gemacht hat als jemals zuvor. Sie empfängt viele Medien in Stockholm und erklärt sich überraschenderweise bereit, zehn Tage lang in London eine Reihe von TV- und Radiointerviews zu geben. Ihr Sinneswandel verblüfft diejenigen, die in ihr die »exzentrische Einsiedlerin« gesehen haben. Nach dem Ende der Promotion verschwindet sie jedoch wieder weitgehend aus der Öffentlichkeit und wird nur noch gelegentlich auf Partys oder Premieren gesehen, steht aber nicht mehr für Interviews zur Verfügung. Sie lebt nicht das Leben einer Einsiedlerin, sondern ver-

◀▲ Agnetha kommt nach London, um »A« zu promoten, ihr erstes Album seit neun Jahren. 2013.

▲ Agnetha erhält einen Gold Award für die Verkäufe von »A« auf dem Pride-Festival in Stockholm, August 2013.

▶▲ Frida probt mit dem britischen Musiker Jon Lord (vormals Deep Purple) vor der José-Carreras-Gala in Leipzig, 2004.

sucht, als ehemaliges Mitglied einer der legendärsten Bands der Welt so normal wie möglich zu sein.

Frida erlebt unterdessen eine Reihe von Tragödien, als sich die 2000er-Jahre nähern. 1998 kommt ihre Tochter Lise-Lotte bei einem Unfall ums Leben, und im Jahr darauf stirbt ihr Mann Ruzzo an Krebs. Zwar ist die Rede von einem Nachfolger ihres 1996 erschienenen Albums »Djupa andetag«, doch werden all diese Pläne verworfen, da sie sich wieder einmal ein neues Leben aufbauen muss. Frida hört nicht ganz auf zu singen, aber sie tritt nur noch als Gastsängerin auf Veröffentlichungen von Freunden und Bekannten auf. Am bekanntesten ist der Song *The Sun Will Shine Again*, der 2004 auf einem Album des ehemaligen Deep-Purple-Organisten Jon Lord zu hören ist. Frida wirbt sogar für den Song, indem sie ihn im deutschen Fernsehen und bei einem von Lords Konzerten vorträgt. Im Liedtext geht es darum, nach schweren Zeiten ein Licht am Ende des Tunnels zu sehen. Das entspricht auch Fridas persönlichen Erfahrungen der letzten Jahre. Sie sagt: »[Wenn du] in dieser Leere bist, in der es wirklich dunkel ist und du nicht weißt, wie du da wieder herauskommen sollst, dann siehst du plötzlich das Licht über dir und du weißt, dass es wirklich wahr ist, dass die Sonne wieder auf dich scheinen wird.«

Doch schon kurz nach der Veröffentlichung des Albums von Jon Lord macht Frida klar, dass sie nicht vorhat, ein echtes Comeback zu feiern. Sie sagt: »Die Motivation für meine musikalische Karriere existiert nicht mehr. Sie war lange Zeit vorhanden, vielleicht bis vor ein paar Jahren, aber alles hat seine Zeit, und diese Zeit ist nun vorbei. Es gibt so viele andere Dinge, denen ich mich gerne widmen würde, die vielleicht nicht so viel mit Musik zu tun haben.« In Henry Smith, dem Erben der Einzelhandelskette WH Smith, findet sie einen

»Die Motivation für meine musikalische Karriere existiert nicht mehr. Sie war lange Zeit vorhanden, vielleicht bis vor ein paar Jahren, aber alles hat seine Zeit, und diese Zeit ist nun vorbei.«

Frida

◀ Frida und ihr Partner Henry Smith kommen zur Premiere des Theater-Dinner-Erlebnisses *Mamma Mia! The Party* im Restaurant Tyrol in Stockholm, 20. Januar 2016.

▶▲ Benny mit der Dichterin Kristina Lugn im Orion-Theater in Stockholm, 2012.

neuen Lebensgefährten. Das Paar verbringt seine Zeit in der Schweiz, in Schweden, auf Mallorca und in England. Man sieht und hört wenig von den beiden, außer wenn Frida eine *Mamma Mia!*-Premiere oder eine Veranstaltung im Zusammenhang mit ABBA besucht.

Nach dem großen Abenteuer des Musicals *Kristina från Duvemåla* scheint es fast so, als würden Björn und Benny sich nicht mehr trauen, etwas Ähnliches zu machen. Sie reden ständig darüber, ein weiteres Musical zu schreiben, aber die Diskussionen führen nie zu etwas. Bennys regelmäßiges Musikprojekt heißt stattdessen Benny Anderssons Orkester, außerhalb Schwedens als Benny Andersson Band bekannt. Die Band – mit Benny am Keyboard und Akkordeon – veröffentlicht 2001 ihr erstes Album und nimmt hauptsächlich Musik auf, die auf die Wurzeln der schwedischen Volksmusik und auf die Art von Hits zurückgeht, die zwischen den 30er- und 50er-Jahren beliebt waren. Mit *Kristina*-Star Helen Sjöholm und *Chess*-Star Tommy Körberg als Sänger hat die Band seit 2001 eine Reihe erfolgreicher Alben veröffentlicht und ebenso erfolgreiche Sommertouren durch Schweden unternommen. Ansonsten hat Benny Musik für Filme geschrieben und Auftragswerke für Einweihungen und Feierlichkeiten zu prestigeträchtigen Ereignissen beigesteuert. 2017 veröffentlicht er das Album »Piano«, auf dem er Solo-Instrumentalstücke spielt, die er seit der Zeit bei ABBA bis heute geschrieben oder mitverfasst hat. ABBA ist mit keinem der bekannteren Hits vertreten. Benny hat sich stattdessen für Albumtracks wie *My Love, My Life* von »Arrival« oder für Beinahe-Hits wie *The Day Before You Came* entschieden.

Es ist bezeichnend, dass Björn und Benny nur deshalb wieder ein Musical schreiben, weil man ihnen angeboten hat, an einem Projekt mitzuwirken, das nicht von ihnen selbst stammt. *Hjälp sökes* (Hilfe gesucht) ist eine kleine, etwas skurrile Inszenierung mit lebenden Tieren auf der Bühne (darunter Kühe), die 2013 in einem bescheidenen Stockholmer Theater Premiere hat. Björn sollte eigentlich gar nicht daran beteiligt werden, wird aber hinzugezogen, weil Kristina Lugn, die Buchautorin, Dichterin, Theaterautorin und Mitglied der Schwedischen Akademie, der Aufgabe nicht gewachsen ist, die Texte zu schreiben. Die Show wird im Rahmen ihrer Möglichkeiten ein Erfolg und erhält hervorragende Kritiken. Bennys Musik ist relativ geschmackvoll, wie man es von ihm gewohnt ist, während Björns Texte überraschender sind, da er gezwungen ist, aus seinem gewohnten Universum herauszutreten und sich in die skurrile Welt von Kristina Lugn zu begeben.

Für Björn ist das Komponieren von Musik im 21. Jahrhundert eher eine Nebensache. Er schreibt Texte, vor allem für Benny, aber ansonsten widmet er viel Zeit verschiedenen unternehmerischen Projekten, hauptsächlich in der Immobilienbranche. Er ist am Bau eines Wohn- und Hotelkomplexes in seiner Heimatstadt Västervik ebenso beteiligt wie an der Umgestaltung eines ehemaligen Bürogebäudes in Stockholm zu Wohnungen für junge Erwachsene. Da die ABBA-Mitglieder nie gern über Politik diskutiert haben, überrascht es, dass Björn zu einer Stimme geworden ist, die sich für oder gegen eine Reihe von Themen einsetzt. Er schreibt Artikel über alles Mögliche, von Religion und Euthanasie bis hin zur bargeldlosen Gesellschaft. Er spricht sich auch für eine gerechtere Verteilung der Tantiemen für Künstler und Interpreten auf Musik-Streaming-Plattformen wie Spotify aus. Obwohl er als ABBA-Mitglied persönlich von dem System profitiert, besteht er darauf, dass es unfair gegenüber denen ist, die nicht das Glück haben, so groß wie ABBA zu sein.

Während seiner ABBA-Zeit joggt Björn leidenschaftlich gern und läuft sogar mehrere Marathons mit, aber schließlich gibt er das Hobby auf und rutscht in einen weniger gesunden Lebensstil ab. Als Liebhaber edler Weine räumt er schließlich ein, dass er Alkoholiker ist und hört irgendwann zwischen 2007 und 2008 mit dem Trinken auf. Er sagt dazu: »Es hat mein Leben zu sehr beeinflusst. [...] Der Verzicht auf Alkohol war die beste Entscheidung, die ich je getroffen habe.« Sein Songwriting-Partner hat ähnliche Probleme. Er beschließt aber früher (Anfang des Millenniums) als Björn, mit dem Trinken aufzuhören. Benny meint: »Wenn du merkst, dass du nicht du selbst bist, wenn du keinen Alkohol im Körper hast, dann ist es Zeit, aufzuhören. Ich dachte: ›Ich habe ein fantastisches Leben, eine fantastische Familie, und alles läuft gut. Soll ich das alles wegwerfen, nur weil ich nicht aufhören kann, Alkohol zu trinken?‹«

Zu Björns unternehmerischen Projekten im zweiten Jahrzehnt des 21. Jahrhunderts gehört die Gründung von ABBA The Museum in Stockholm. Ursprünglich wird das Projekt von Leuten außerhalb der ABBA-Organisation angestoßen, aber Björn beschließt, sich stärker daran zu beteiligen, wird zum Hauptinvestor und fördert es, so gut er kann. Im Mai 2013 wird ABBA The Museum eröffnet. Es ist sofort ein Erfolg und wird vom Stockholmer Fremdenverkehrsamt in der Top-10-Liste der Sehenswürdigkeiten geführt. Abgesehen von Elvis Presleys Graceland und The Beatles Story in Liverpool haben nicht viele Museen, die Musikkünstlern gewidmet sind, einen solch langfristigen Erfolg.

Angesichts der anhaltenden Präsenz von ABBA ist die Frage »Werdet ihr jemals wieder zusammenkommen?« in Interviews unvermeidlich. Schließlich hatte fast jede bekannte Band der 60er- bis 80er-Jahre ein Comeback. Welche Spannungen auch immer zwischen den vier Mitgliedern in den Jahren unmittelbar nach ihrer Trennung bestanden haben mögen, sie sind längst verflogen. Warum also nicht wieder zusammenkommen? Die Antwort ist einfach: Ihnen war einfach nicht danach, denn es würde bedeuten, zu etwas zurückzukehren, das schon lange vorbei ist. Björn erklärt: »Popmusik ist für junge Leute, und wir haben dieses Stadium in unserem Leben längst hinter uns gelassen.« Nicht einmal das Angebot von einer Milliarde Dollar für eine ausgedehnte Welttournee und ein neues Album ist verlockend genug. Björn erinnert an eine Bemerkung von Robert Plant von Led Zeppelin, der nach der vorübergehenden Wiedervereinigung der Band scherzhaft meinte, sie seien ihre eigene Coverband geworden. Nicht einmal Geld für wohltätige Zwecke zu sammeln wäre Motivation genug. Björn verneint die Frage nach der ABBA-Wiedervereinigung in vielen Interviews und stellt fest: Wenn ein Comeback jemals stattfinden sollte, dann aus einem ganz anderen Grund – dem richtigen Grund. Mit Björns Worten soll ABBA die »Band bleiben, die niemals ein Comeback gefeiert hat.«

◀▼ Das ABBA-Museum in Stockholm.

▼ Im Inneren des ABBA-Museums am Abend der offiziellen Eröffnung, Mai 2013.

ABBA
PROLYTE
PROLYTE
HERRMODE

ABBA
VOYAGE

ABBA Voyage
Pre-order the album. Get the tickets.
abbavoyage.com

ABBA VOYAGE

Ende 1977 und Anfang 1978, als ABBA gleichzeitig »ABBA – The Album« und »ABBA – The Movie« auf den Markt bringen, stellt die Koordination beider Werbeaktionen den Höhepunkt eines cleveren und umfassenden Marketings dar. Die Vorgaben von Stig Anderson an den künstlerischen Leiter Rune Söderqvist lauten, dass der Film den Verkauf des Albums und das Album den Verkauf des Films unterstützen soll. In Schweden hat Stig außerdem dafür gesorgt, dass das Album am Tag der Veröffentlichung überall erhältlich ist, nicht nur in den üblichen Plattenläden, sondern auch in Kaufhäusern, Tankstellen und Lebensmittelgeschäften.

Die Werbung für das Album und den Film, so beeindruckend sie auch gewesen ist, verblasst jedoch im Vergleich zur Werbung für ABBAs Comeback-Album »Voyage« aus dem Jahr 2021 und dem digitalen Live-Konzerterlebnis mit dem Titel *ABBA Voyage*. Am 26. August gibt es die ersten Andeutungen in den sozialen Medien, außerdem Plakate in verschiedenen Städten auf der ganzen Welt. Am 2. September wird dann auf einer Live-Pressekonferenz mit Björn und Benny bekanntgegeben, dass die vier nicht nur ein paar neue Songs veröffentlichen und ein digitales Avatar-Live-Erlebnis produzieren – was schon länger bekannt ist –, sondern dass sie auch ein brandneues Studioalbum herausbringen werden. Die Ankündigung macht weltweit Schlagzeilen, überflutet die sozialen Medien und das Internet. Sogar BBC Radio verschiebt seine sonst in Stein gemeißelten Sechs-Uhr-Nachrichten, um *I Still Have Faith in You* zu spielen, einen der neuen ABBA-Songs, der auch exakt zur selben Zeit der Welt vorgestellt wird.

◄◄ Passanten sehen das ABBA-Voyage-Event, mit dem ein neues Album angekündigt wird. Gröna-Lund-Vergnügungspark, Stockholm, 2. September 2021 (Seite 220).

◄ Das ABBA-Voyage-Event in Berlin, 2. September 2021.

Doch wie kam es überhaupt zu der völlig unerwarteten Aufnahme eines Albums? Die Äußerungen aller Bandmitglieder während der 39 Jahre, die seit den letzten ABBA-Aufnahmen vergangen sind, lassen eindeutig erkennen, dass die Hölle nicht nur einmal, sondern vielleicht zehnmal zufrieren müsse, bevor es zu einer Wiedervereinigung kommen würde. Zwar hat es in Interviews gelegentlich unverbindliche Äußerungen gegeben, etwa nach dem Motto »Man soll niemals nie sagen«, aber soweit die Außenwelt informiert gewesen ist, hat es diese Erwägung nie wirklich ernsthaft gegeben.

Als Auslöser für die ABBA-Wiedervereinigung gilt Simon Fuller, ehemaliger Manager der Spice Girls und Schöpfer von TV-Formaten wie *Pop Idol* in all seinen internationalen Varianten. 2016 wird bekannt, dass er vorgeschlagen hat, eine digitale Version der ABBA-Mitglieder zu erschaffen und auf diese Weise eine Tournee zu veranstalten. Fuller erläutert, dass seine Idee viel fortschrittlicher sei als das, was man bisher in Form von Hologrammen verstorbener Künstler wie Michael Jackson und Tupac Shakur gesehen hat. Tatsächlich sollen die ABBA-Mitglieder somit in der Lage sein, »auf Tour zu gehen, ohne wirklich auf Tour zu gehen«, wie Benny es zusammenfasst: »Wir könnten zu Hause bleiben, Essen kochen oder mit dem Hund Gassi gehen. Wir dachten: ›Wie? Nun, das ist eigentlich eine interessante Idee.‹« Die ABBA-Mitglieder sind der Meinung, dass diese Idee einen Versuch wert sei.

Die Tournee soll die vier so zeigen, wie sie in ihrer Blütezeit ausgesehen haben, und das Repertoire würde die meisten ihrer klassischen Singles und vielleicht auch einige Albumtitel beinhalten. Damit rückt die Wiedervereinigung, die über das rein Digitale hinausgeht und die vier Mitglieder selbst einbezieht, in greifbare Nähe. Benny erklärt: »Wir haben uns gesagt: ›Wenn wir wirklich als 75-Jährige auf Tournee gegangen wären und eine Show gemacht hätten, hätten wir mindestens zwei

neue Songs dabei gehabt.‹ Also rief ich Agnetha und Frida an und sagte: ›Ähm … was meint ihr? Möchtet ihr zwei neue Songs aufnehmen?‹ Und sie haben ›Ja‹ gesagt! Es hat mich ein bisschen überrascht, [weil] ABBA einfach nicht zur Debatte stand – für keinen von uns, nicht für mich und auch nicht für sie. Agnetha hat immer versucht, kein ABBA-Mitglied mehr sein zu müssen. Das gilt auch für mich, ich wollte ich selbst sein, kein ABBA-Mitglied.«

Im Mai 2017 sind zwei neue Songs fertig, und Benny trifft sich mit seinen Lieblingsstudiomusikern, um den Backingtrack zu produzieren. Im folgenden Monat treffen sich die ABBA-Mitglieder zu ihrer eigenen Überraschung in einem Aufnahmestudio – Bennys eigenen RMV Studios, die er und sein Sohn Ludvig 2011 eröffnet haben – und nehmen zum ersten Mal seit 35 Jahren Gesang für neue ABBA-Songs auf. Agnetha erinnert sich, dass sie »keine Ahnung hatte, was sie erwarten würde«, und ihre Bandmitglieder teilen dieses Gefühl. Benny erzählt jedoch später, dass seine Bedenken eher praktischer Natur gewesen seien. Nur wenige Minuten, bevor Agnetha und Frida ins Studio kommen, stellt er fest, dass er sie gar nicht gefragt hat, ob sie noch singen können. Es stellt sich heraus, dass sie es können – ihre Stimmen klingen anders, ein wenig tiefer, ein wenig älter, vielleicht sogar hier und da ein wenig gebrechlicher, aber die Persönlichkeit, die Energie und die Fähigkeit zur Interpretation sind geblieben.

Welche Befürchtungen auch immer die Atmosphäre getrübt haben mögen, sie verschwinden schnell, als die vier in eine Art Zeitschleife eintreten. Björn erinnert sich: »Es dauerte nur wenige Augenblicke. Wir sahen uns an, und dann ging es gleich weiter, als ob gar keine Zeit vergangen wäre. Es war unglaublich.« Er führt das auf die Freundschaft zurück, die sie über die Jahrzehnte hinweg gepflegt haben, nachdem sich der Staub der schmerzhaften Scheidungen gelegt hatte. Er meint: »Es gibt eine derart starke Bindung zwischen uns wegen all dieser wunderbaren, überwältigenden Erfahrungen, die wir zusammen gemacht haben.«

Unglaublicherweise wird die explosive Nachricht, dass eine der legendärsten Popgruppen der Welt neue Musik aufgenommen hat, fast ein Jahr lang vor der Öffentlichkeit geheimgehalten. Aber am 27. April 2018 gibt

▲ Ein neues ABBA-Album und eine Hologramm-Show werden vor Fans in Berlin angekündigt.

▶ Benny in Stockholm, 20. Oktober 2021.

»Es gibt eine derart starke Bindung zwischen uns wegen all dieser wunderbaren, überwältigenden Erfahrungen, die wir zusammen gemacht haben.«

Björn

es endlich eine Ankündigung, obwohl die ABBA-Mitglieder selbst die Dinge gern noch eine Weile unter Verschluss gehalten hätten. Sie werden jedoch durch ein TV-Special gezwungen, das von NBC in den USA und der BBC in Großbritannien koproduziert wird und im Dezember 2018 ausgestrahlt werden soll. Einer der neuen Songs soll in dem TV-Special vorgestellt werden, in dessen Mittelpunkt bekannte Künstler stehen, die ihre eigenen Versionen von ABBA-Songs aufführen. Ein Musikvideo für die Ballade *I Still Have Faith in You* mit den neuen Avataren wäre das Highlight, und da NBC mit der Werbung für die Sendung beginnen will, muss ABBA die neuen Songs ankündigen. Natürlich verbreitet sich die Ankündigung innerhalb von Sekunden auf allen Medien und ist für viele eine der wichtigsten Meldungen des Tages. Über die eigentlichen Songs wird nicht viel verraten, aber die Welt erfährt, dass einer von ihnen *I Still Have Faith in You* und der andere das Up-Tempo-Stück *Don't Shut Me Down* ist.

So weit, so gut – aber die Kontrolle darüber, wie die Songs der Welt vorgestellt werden sollen, verliert die Band leider wenig später. Das TV-Special wird plötzlich verschoben und kurz darauf ganz abgesagt, während eine Reihe von möglichen Terminen für die Veröffentlichung der neuen Songs immer wieder verschoben wird. Björn erklärt frustriert in einem Interview: »Ich sage nicht mehr, wann. Ich sage nur, dass wir sie haben und dass sie letztendlich veröffentlicht werden.« Jetzt scheint niemand mehr die Kontrolle zu haben, und es steht in den Sternen, ob und wann die Welt jemals die Songs hören und die viel gepriesenen Avatare sehen wird. Die Headlines ändern sich von »die aufregenden neuen ABBA-Songs« zu »die überfälligen neuen ABBA-Songs«.

◀ Björn in Bennys Studio auf Skeppsholmen in Stockholm, 20. Oktober 2021.

In der Zwischenzeit kursieren Gerüchte darüber, wie viele Songs aufgenommen worden sind. Im Lauf des Jahres 2019 gibt es unbestätigte Berichte, dass insgesamt drei Songs produziert werden. Die Zahl steigt schließlich auf fünf. Während langjährige Beobachter der Band skeptisch, aber hoffnungsvoll bleiben, enthüllt Benny, als »Voyage« 2021 endlich veröffentlicht wird, dass die Gerüchte tatsächlich gestimmt haben: »Als wir die ersten zwei Songs hatten, fühlte sich das etwas wenig an, und wird fragten uns: ›Sollten wir nicht ein paar mehr machen?‹« Dahinter steckt die Überlegung, dass sie statt nur einer oder zwei Singles zumindest eine EP veröffentlichen könnten. Benny erklärt: »Also machten wir ein paar mehr, und sie wurden gut.«

Die ABBA-Mitglieder sind im Aufnahmestudio sehr beschäftigt, aber diejenigen, die an den Avataren arbeiten, haben mit Sicherheit noch viel mehr zu tun. Die Produzentin Svana Gisla und der Co-Produzent und Regisseur Johan Renck – das Team, das für die letzten Videos von David Bowie verantwortlich zeichnet – sind mit an Bord, ebenso Bennys jüngster Sohn Ludvig als Chefproduzent. Die Show soll von Baillie Walsh inszeniert werden, der für eine Reihe von Werbespots für Topkunden sowie für Musikvideos und Spielfilme bekannt ist.

Irgendwann allerdings steigen Simon Fuller und das von ihm ins Boot geholte Technologieunternehmen aus dem Projekt aus, weil sie angeblich nicht in der Lage sind, Avatare zu liefern, die dem versprochenen Standard entsprechen. Stattdessen springt das Unternehmen Industrial Light & Magic (ILM) ein, das von Star-Wars-Schöpfer George Lucas gegründet worden ist und als Vorreiter bei visuellen Effekten gilt. Dadurch ist eine deutlich bessere Qualität möglich.

Dabei stellt sich allerdings heraus, dass der technische Aufbau so komplex wird, dass eine Tournee mit den verbesserten Avataren nicht machbar wäre. Vielmehr müsste die Show an einem festen Ort aufgeführt werden, und zwar nicht in einer gewöhnlichen Konzerthalle oder Arena, da bestimmte technische Spezifikationen zu berücksichtigen sind. Benny erinnert sich an seinen Vorschlag, als er und Björn zu Besprechungen über das Projekt in London sind: »Ich sagte zu Björn: ›Warum machen wir das nicht hier?‹ ›Nun, es gibt keine Arena‹, sagte er.« Und dann – aus der sicheren Position eines [Kronen-]Milliardärs und mit der Gewissheit, dass eine Menge Investoren Schlange stehen werden, um sich an dem Projekt zu beteiligen – bietet Benny eine extravagante Lösung für das Problem an: Sie könnten selbst eine Arena bauen. London, da sind sich beide einig, ist als Unterhaltungsmetropole in Europa perfekt für ihr Vorhaben. Als Standort für die ABBA-Arena, wie sie getauft wird, wählt man den Queen Elizabeth Olympic Park.

Als ob die Wiedervereinigung von ABBA im Aufnahmestudio nicht schon außergewöhnlich genug wäre, schlüpfen die vier Mitglieder Anfang 2020 in schwarze Motion-Capture-Kostüme mit farbigen Punkten, sodass sie wie Statisten in einem Science-Fiction-Abenteuer aussehen. Fünf Wochen lang nehmen sie in einem Stockholmer Studio auf, was ILM für die Konstruktion der Avatare braucht: genaue Bilder ihrer tatsächlichen Bewegungen und ihrer Dynamik auf der Bühne.

Agnetha erzählt später, dass es ihr leichtgefallen sei, der Aufnahme der neuen Songs zuzustimmen, aber sie habe ein wenig gezögert, fünf Wochen lang acht Stunden am Tag auftreten zu müssen. Zweifellos sind auch die anderen drei Mitglieder von ABBA nicht gerade begeistert von dieser Aussicht, aber letztendlich finden sie sich alle damit ab. Die größte Hürde für Björn und Benny besteht offenbar darin, ihre Bärte komplett abrasieren zu müssen, damit man ihre Gesichtsbewegungen richtig einfangen kann. Benny hat man seit 50 Jahren nicht mehr ohne Bart gesehen, Björn seit fast 40 Jahren. Die

◀ Frida ist Gast bei der Hochzeit von John Ledin und der Gräfin Alexandra Hamilton, Kristianstad (Schweden), 2018.

▶ Agnetha, 2016 (rechte Seite).

Produzentin Svana Gisla erinnert sich: »Sie sahen mich völlig fassungslos an und sagten: ›Das wird auf keinen Fall passieren‹. Ich schaute zu den 180 Leuten an den Computermonitoren hinüber und sagte: ›Es tut mir leid, Benny, aber du musst dich rasieren, sonst muss ich die alle nach Hause schicken.‹« Das Songwriter-Team von ABBA hat keine andere Wahl, als die Rasierapparate hervorzuholen.

Der Zeitpunkt der Dreharbeiten ist glücklich gewählt. Unmittelbar vor dem Treffen in Stockholm verdichten sich die beunruhigenden Berichte über die rasche Ausbreitung eines Virus in China und darüber hinaus. Im März 2020, als die Dreharbeiten bereits beendet sind, bringt die Covid-19-Pandemie die meisten Aktivitäten zum Erliegen, bei denen sich eine große Anzahl von Menschen in einem Raum aufhält.

Die Gerüchte darüber, wie viele neue Stücke ABBA genau aufgenommen hat, halten sich hartnäckig. Wie sich schließlich im September 2021 herausstellt, haben die vier Mitglieder ihren zweiten Aufenthalt im Studio genauso genossen wie beim ersten Mal, und zwar so sehr, dass der Vorschlag aufkam, noch ein paar weitere Songs aufzunehmen – und sogar ein ganzes Album zu vollenden. Es ist nahezu unbegreiflich, dass eine ursprünglich so unwahrscheinliche Sache nun einfach stattfindet, als hätten die Mitglieder nur ein paar Sekunden darüber nachgedacht und dann einfach so beschlossen, es zu tun. Die Aufnahmen für die restlichen Songs finden im Jahr 2021 statt.

»Voyage« erscheint schließlich am 5. November 2021. Zuvor werden die beiden bereits angekündigten Singles am 2. September herausgebracht. Die gewaltige und nachdenkliche Ballade *I Still Have Faith in You* mit Frida als Leadsängerin ist eine Reflexion über ABBA selbst – die Geschichte, das Vermächtnis und die Wiedervereinigung. Als sich der Texter Björn die Melodie von Benny anhört, ist ihm sofort klar, dass der Text von der Band handeln muss. Das bedeutet auch, dass es der erste Song sein muss, der der Welt präsentiert wird.

I Still Have Faith in You spiegelt musikalisch wider, wie Benny Anderssons Musik im 21. Jahrhundert klingt. Der zweite Song *Don't Shut Me Down* mit Agnetha als Leadsängerin ist ein überraschender Rückblick auf ABBAs glorreiche Zeit Mitte bis Ende der 70er-Jahre. Benny verrät, dass er 2015 die Fernsehserie *River* mit Stellan Skarsgård und Nicola Walker in den Hauptrol-

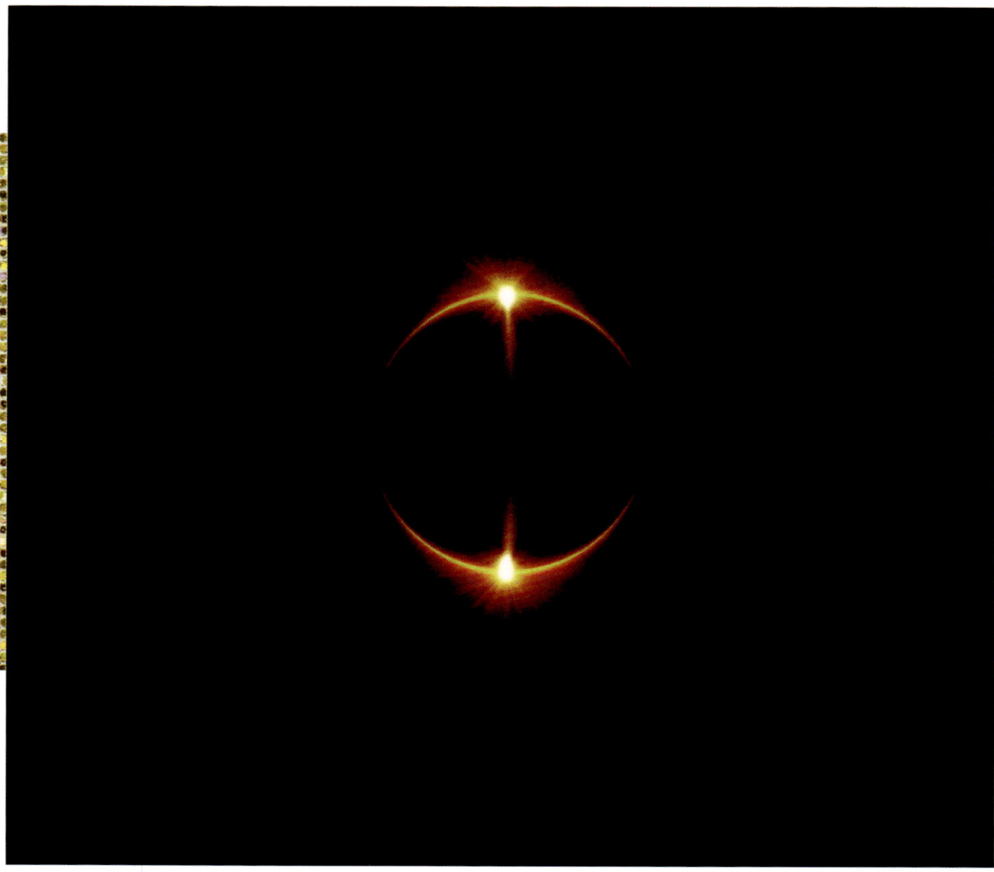

▶ Die ersten drei Singles aus »Voyage« (von links): *I Still Have Faith in You, Don't Shut Me Down, Just a Notion.*

ABBA
Just A Notion

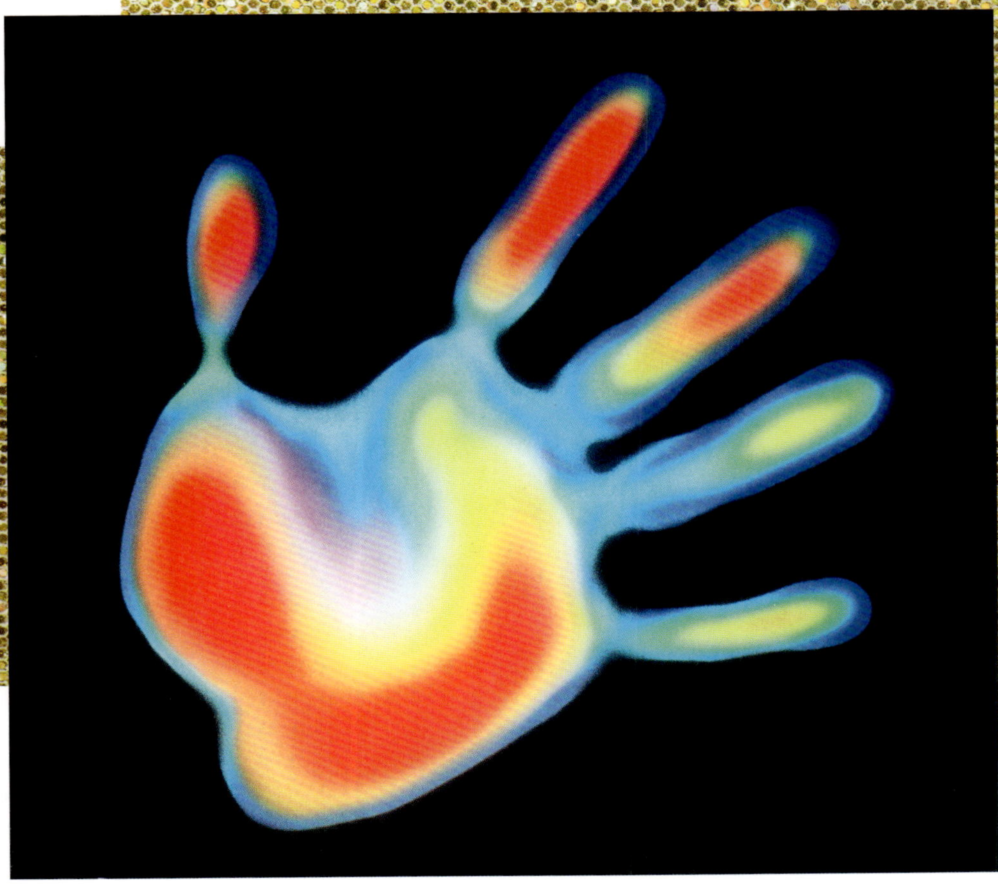

ABBA
Voyage
ABBA
Voyage
ABBA
Voyage
ABBA
Voyage

◀ Die britische Radiomoderatorin Zoe Ball posiert mit Björn (l.) und Benny (r.) bei der Präsentation von »ABBA Voyage« in London am 2. September 2021.

» Ich denke, Frida und Agnetha wieder singen zu hören ist schwer zu übertreffen. «

Benny

◀ Das neue ABBA-Album »Voyage« steht schon einen Tag vor der offiziellen Veröffentlichung am 5.November in einem Verkaufsständer eines Plattenladens in Stockholm. 4. November 2021 (links).

▶▶ Die ABBA-Mitglieder heben ihre Daumen nach oben, nachdem sie den Eurovision Song Contest mit ihrem Song *Waterloo* gewonnen haben (von links): Björn Ulvaeus, Agnetha Fältskog, Anni-Frid »Frida« Lyngstad und Benny Andersson (S. 238–239).

len gesehen habe, in der Tina Charles' Hit *I Love to Love* aus dem Jahr 1976 vorkommt, was ihn zu neuen ABBA-Songs inspiriert haben soll. Bennys Demotitel für den Song lautet sogar *Tina Charles*. Der populärere der beiden Songs, der in Schweden und der Schweiz auf Platz 1 landet, trägt alle Kennzeichen eines klassischen ABBA-Songs: die superscharfen, magischen und schmerzlich vermissten Gesangsharmonien, die nur Agnetha und Frida hervorzaubern können, eine Menge Keyboard-Overdubs und -Schnörkel von Benny mit vielen liebevollen Anspielungen auf frühere Hits wie *Dancing* Queen.

Der Rest des Albums enthält keine Songs, die auf ähnliche Weise an ABBAs Blütezeit erinnern. Trotzdem ist es eine sehr ansprechende Sammlung. Agnetha und Frida klingen beide erwartungsgemäß älter, aber nicht unbedingt in einer Weise, die den Reiz ihrer Stimmen schmälert. Vielmehr bringt dies gerade neue Qualitäten zur Geltung. Bei der Rocknummer *No Doubt about It* im Stil der 80er-Jahre kommt Frida ihre Erfahrung zugute. Sie hätte 40 Jahre zuvor wahrscheinlich nicht so überzeugend singen können.

Musikalisch gesehen ist das Album abwechslungsreich, und die Texte bieten neue Wendungen zu bekannten ABBA-Themen. Nur ABBA kann aus der Übergabe eines Kinds von einem geschiedenen Elternteil an den anderen einen Tanzsong machen, wie es die vier in dem von Agnetha gesungenen *Keep an Eye on Dan* tun. Mit der Country-Ballade *I Can Be that Woman*, ebenfalls mit Agnetha als Leadsängerin, führen sie völlig neue Beziehungsthemen ein, wie etwa eine Ehe, die durch die Vorliebe eines der beiden Partner für die Flasche getrübt wird (ist Björn hier von seinen und Bennys eigenen Erfahrungen als Alkoholiker inspiriert worden?). Benny holt seine alten Synthesizer hervor (vor allem den Minimoog und den Yamaha GX-1), die auf den beiden letzten Studioalben von ABBA die Klanglandschaft dominiert haben – und produziert das Album weitgehend nach seinem heutigen Geschmack und seiner heutigen Ästhetik, wobei er hier und da Verweise auf klassische ABBA-Stücke einstreut.

»Voyage« erhält gemischte Kritiken. Einige loben das Album in den höchsten Tönen, während andere – vielleicht vor allem diejenigen, die eine Rückkehr zu den Klängen und dem Stil von *Dancing Queen* und *The Winner Takes It All* erwartet haben – es eine herbe Enttäuschung nennen. Insgesamt ist die Resonanz jedoch positiv, und das Album ist schon lange vor seiner Veröffentlichung ein Verkaufserfolg. Dank einer geschickten Werbekampagne und einer beeindruckenden Anzahl von Medieninterviews mit Björn und Benny ist es praktisch vorprogrammiert, dass das Album in sage und schreibe 18 Ländern auf Platz 1 der Charts einsteigt und dass in der ersten Woche mehr als eine Million Exemplare verkauft wird. »Voyage« erreicht sogar Platz 2 in den USA, bei Weitem ABBAs beeindruckendste Albumchartplatzierung in diesem Teil der Welt. »ABBA – The Album« hat 1978 nur Platz 14 erreicht.

Alles in allem stellt »Voyage« ein ebenso würdiges wie erfolgreiches Comeback dar. Die ABBA-Mitglieder glauben völlig zu Recht immer noch an sich selbst. Aber ist dies der Beginn einer neuen »Reise« für die Band oder das Ende der Geschichte? Benny macht in einem Interview deutlich, dass er zwar nie zuvor gesagt hat, dass ABBA nie wieder etwas zusammen machen würden, aber nach »Voyage« fühlt er sich bereit zu sagen, dass dies das Ende gewesen ist. Agnetha äußert sich ähnlich. Nur Frida vertritt den Standpunkt »Sag niemals nie«. Da drei Viertel der Band inzwischen Mitte 70 sind, ist es wahrscheinlich, dass sie »Voyage« eher als ein befriedigendes Ende ihrer Geschichte als als Beginn eines neuen Kapitels betrachten wollen.

So monumental das Comeback an sich auch ist – die Aufnahmen zu ABBAs neuer Musik wirken im Vergleich zu den vielen Leuten, die an dem digitalen Avatar-Projekt *ABBA Voyage* beteiligt gewesen sind, eher wie ein Hobbyprojekt. Etwa 850 Menschen haben an der Umsetzung mitgewirkt, darunter eine zehnköpfige Band, die live neben den digitalen Bandmitgliedern auftritt. James Righton, ehemaliges Mitglied der britischen Band Klaxons, die 2007 mit ihrem Debütalbum »Myths of the Near Future« große Erfolge feiert, ist für die Zusammenstellung der Musiker verantwortlich. Zu den Bandmitgliedern gehört auch die erfolgreiche britische Sängerin Little Boots, die mit ihrem Debütalbum 2009 die Top 10 in Großbritannien erreicht. Die Menschen auf der Bühne sollen wie echte Darsteller wirken, die in der Lage sind, dem Publikum ein echtes Gefühl der Begeisterung zu vermitteln.

So faszinierend und bahnbrechend diese Hightech-Kreuzung aus Themenpark und Live-Konzert auch sein mag – ihre größte Bedeutung liegt wohl darin, dass sie das fast Unmögliche erreicht und ABBA wieder im Studio zusammengebracht hat. Diese Rückkehr hat ihren Millionen von Fans auf der ganzen Welt viel bedeutet. Die Aufnahme des Albums hat den vier Mitgliedern auch viel Freude bereitet. Björn spricht über »ein Gefühl der Dankbarkeit, wieder in dieser Situation sein zu dürfen, und zusammen [mit den anderen ABBA-Mitgliedern] wieder kreativ sein zu können. Es fühlte sich wunderbar an.«

Frida äußert in einer Pressemitteilung: »Diese ersten Sessions damals im Jahr 2018 haben solchen Spaß gemacht. Und als Benny anrief und fragte, ob ich noch ein paar mehr [Songs] singen würde, bin ich sofort darauf angesprungen! Und was für Songs! Mein Respekt und meine Liebe gelten diesen außergewöhnlich talentierten, wirklich genialen Songwritern! Es hat mir unglaublich Spaß gemacht, wieder mit dieser Band zu arbeiten. Ich bin so zufrieden mit dem, was wir gemacht haben.« Die stets vorsichtige Agnetha berichtet, dass sie »eine so freundliche und sichere Umgebung« vorgefunden hat, als sie zum ersten Mal in Bennys Studio kommt, dass alles innerhalb von Minuten zum Vergnügen wird. Sie spricht auch über die Zweifel, ob ihre und Fridas Stimmen vier Jahrzehnte nach ihren letzten gemeinsamen Aufnahmen noch Bestand haben würden: »Wir hörten sofort – sowohl an Fridas Stimme als auch an meiner –, dass sie mehr oder weniger wie damals geklungen haben. Aber man muss sich vielleicht anders anstrengen und eine Geschichte intensiver erzählen, um sich in den Song einzufühlen. Das habe ich früher immer gemacht, aber jetzt, wo man ein ganzes Leben gelebt hat, ist das noch stärker. Man legt mehr Emotionen hinein.«

Benny fasst jedoch den vielleicht emotionalsten Aspekt von ABBAs Rückkehr zusammen, sowohl für ihre Fans als auch für die Band selbst. Er räumt zwar ein, dass die Gestaltung des Konzerterlebnisses schon erfreulich genug gewesen sei, aber das Wiedersehen im Aufnahmestudio sei wahrscheinlich noch viel wichtiger gewesen. »Ich denke, Frida und Agnetha wieder singen zu hören ist schwer zu übertreffen«, so seine Worte.

VOYAGE

TRACKLISTE

I Still Have Faith in You
When You Danced with Me
Little Things
Don't Shut Me Down
Just a Notion
I Can Be that Woman
Keep an Eye on Dan
Bumble Bee
No Doubt about It
Ode to Freedom

Aufnahme: RMV Studios, (*Just a Notion* zum Teil im Polar Music Studio aufgenommen), abgemischt in den Mono Music Studios, Stockholm, Schweden

Produktion und Arrangement: Benny Andersson

Produktionsassistenz: Björn Ulvaeus

Toningenieur und ProTools-Programmierer: Bernard Löhr

Tonassistenten: Linn Fijal und Vilma Colling

Toningenieur bei der ursprünglichen Aufnahme von *Just a Notion*: Michael B. Tretow

Mitwirkende:
Agnetha Fältskog: Gesang
Anni-Frid Lyngstad: Gesang
Björn Ulvaeus: Gesang
Benny Andersson: Gesang, Keyboards
Lasse Wellander: Gitarre
Lasse Jonsson: Gitarre
Mats Englund: Bass (*I Can Be that Woman*)
Per Lindvall: Schlagzeug und Percussion
Pär Grebacken: Blockflöte, Klarinette und Tenorsaxofon
Jan Bengtson: Flöte und Baritonsaxofon
Stockholm Concert Orchestra: Streicher
Göran Arnberg: Dirigent
Members from Children's Choir of Stockholm International School (SIS): Chorgesang
Kimberley Akester, mit Unterstützung von Anneli Thompson: Dirigentin des SIS-Chors

Cover:
Baillie Walsh: Design
Johan Renck: Fotografie

Erscheinungsdatum: 5. November 2021 (GB: 5. November 2021, USA: 5. November 2021)

Label: Polar 00602438614820

Anmerkungen

Für das Album hat ABBA eine unvollendete Aufnahme aus den »Voulez-Vous«-Sessions von 1978 mit dem Titel *Just a Notion* ausgegraben. Der Song im Stil von *Waterloo* ist von seinem Backingtrack befreit worden. Nur der Gesang aus der Version von 1978 ist erhalten geblieben und hat ein neues Arrangement bekommen.

Danksagungen

Nachdem ich mehr als 30 Jahre lang über ABBA recherchiert und geschrieben habe, haben sich bei mir unglaublich viele Fakten über die Geschichte der Band angesammelt, und meine Erkenntnisse sind in einer Reihe von Büchern veröffentlicht worden. Die bekanntesten sind vielleicht »Licht und Schatten – ABBA – die wahre Geschichte« und »ABBA – The Complete Recording Sessions«. In gewissem Sinne bin ich also – bei aller Anerkennung der Bücher, Zeitschriften, Radio- und Fernsehsendungen, die ich im Lauf der Jahre zurate gezogen habe – am Ende meine eigene Hauptinformationsquelle. Viele der Zitate von ABBA-Mitgliedern und anderen aus ihrem Umfeld, die im vorliegenden Buch abgedruckt worden sind, stammen aus meinen eigenen Interviews, die ich von 1993 bis 2016 geführt habe. Das Buch enthält auch ein Zitat aus einem Interview von 1998 mit Benny Andersson von Dan-Eric Landén, mit dem ich zusammen ein Buch über die Hep Stars geschrieben habe. Im Folgenden sind einige der anderen Quellen für Zitate aus Interviews aufgeführt. Ich möchte mich ganz herzlich bei meinem Freund und ABBA-Fan Ian Cole bedanken, der praktisch alles, was ich seit mehr als zwei Jahrzehnten in englischer Sprache geschrieben habe, durchgelesen und kommentiert hat, und auch bei allen bei Palazzo Editions, die dieses Buch in Auftrag gegeben haben und mit denen die Zusammenarbeit so unkompliziert war.

Literatur

BÜCHER

Andersson, B., B. Ulvaeus & J. Craymer (2006): Mamma Mia! How Can I Resist You? Weidenfeld & Nicolson (deutsche Ausgabe: Krüger, 2007).
Borg, C. (1977): Fenomenet: ABBA. Sweden Music.
Fältskog, A. (1996): Som jag är. Livsbilder berättade för Brita Åhman. Norstedts, Stockholm (Wie ich bin – Agnetha Fältskog erzählt. Deutsche Ausgabe, nicht mehr erhältlich).
Gradvall, J., P. Karlsson, B. Wanselius & J. Wikström (2014): ABBA – The Photo Book. Bokförlaget Max Ström.
Hedlund, O. (1983): Stikkan: den börsnoterade refrängsångaren. Sweden Music.
Karlsson, P. (2008): Min pappa hette Stikkan. Anderson Pocket.
Schulman, L., & C. Hammarsten (1979): Succé på världsscenen: Agnetha, Björn, Benny & Annifrid. Allerbok.
Waller, J. (1985): The Phil Collins Story. Zomba.

ZEITSCHRIFTEN UND PRESSEMITTEILUNGEN

ABBA Magazine / International ABBA Magazine, Aftonbladet, Allers, Clic, Dagens Industri, Dagens Nyheter, The Daily Express, The Daily Mirror, Dover Times Reporter, Expressen, The Guardian, Hi-Fi & Musik, Melody Maker, Min Värld, Mojo, News Of The World, The Observer, Songwriter, Svensk Damtidning, Swedish Press, Vecko-Revyn, Vi, Voyage Pressemitteilung.

TV, DVD, RADIO UND WEBSEITEN

Avsminkat, Frida – The DVD, Livet är en fest, Mamma Mia! (www.mamma-mia.com), MTV, PSL, Skavlan, Svensktoppen, Voyage EPK.

Bildquellen

o=oben, go=ganzoben, u=unten, gu=ganzunten, l=links, r=rechts

ALAMY: 9, 59 Keystone Press/Alamy Stock Photo 12, 20, 21, 27, 42, 53, 179, 184, 197, 200 Roger Tillberg/Alamy Stockfoto 16 Bengt af Geijerstam/Bonnierarkivet/TT 19 Hans Jansson/SCANPIX 22, 24, 25, 26, 28o, 28u, 30, 32, 34, 37, 39, 43, 45, 62, 65, 68o, 94, 104, 107o, 142–143, 148, 150, 156, 180, 196, 216, 217, 226–227, 229go News Agency/Alamy Stockfoto 31, 36, 38, 138 Classic Picture Library/Alamy Stockfoto 57 Pictorial Press Ltd./Alamy Stockfoto 68u Album/Alamy Stockfoto 134, 139 Trinity Mirror/Mirrorpix/Alamy Stockfoto 152, 195 Collection Christophel/Alamy Stockfoto 164o René van den Berg/Alamy Stockfoto 165, 222, 224 dpa picture alliance/Alamy Stockfoto 176 INTERFOTO/Alamy Stockfoto 198 Sueddeutsche Zeitung Foto/Alamy Stockfoto 211ol Everett Collection Inc/Alamy Stockfoto 212 REUTERS/Alamy Stockfoto 214r WENN Rights Ltd./Alamy Stockfoto 218 Rolf_52/Alamy Stockfoto BBC: COVER Copyright © BBC Photo Library/© CAMERA PRESS: 48 Heilemann/Camera Press GETTY: 8 Foto von Michael Ochs Archives/Getty Images 10 Foto von Mike Prior/Redferns 11 Foto von Peter Bischoff/Getty Images 15, 18 Foto von Gunter Zint/K & K Ulf Kruger OHG/Redferns 41 Foto von GAB Archive/Redferns 52 Foto von Evening Standard/Getty Images 54–55 OLLE LINDEBORG/AFP über Getty Images 56 Foto von RB/Redferns 64 Foto von Chris Walter/WireImage 66-67, 70 Foto von Jorgen Angel/Redferns 73 Michael Putland/Getty Images 78, 91 Foto von The AGE/Fairfax Media über Getty Images über Getty Images 82, 109 Foto von Leif Skoogfors/Getty Images 84 Foto von Chris Walter/WireImage 85 Foto von Keystone/Getty Images 86l, 86r, 87, 88, 122o, 122u Foto von Gus Stewart/Redferns 90 Foto von Bob King/Redferns 99 Foto von LMPC über Getty Images 102–103 Foto von Wolfgang Kunz/ullstein Bild über Getty Images 107u Foto von David Redfern/Redferns 108 Foto von Sophia MORIZET/Gamma-Rapho über Getty Images 112 Foto von Michel GINFRAY/Gamma-Rapho über Getty Images 116, 117 Foto von Gai Terrell/Redferns 137 Foto von Independent News and Media/Getty Images 166 Foto von Ake Skoglund/BIPs/Getty Images 185 Foto von Calle Hesslefors/ullstein bild über Getty Images 190 Foto von John Stoddart/Popperfoto über Getty Images 193 Foto von Ian Dickson/Redferns 208 Foto von Jon Furniss/WireImage 219, 234 JONATHAN NACKSTRAND/AFP über Getty Images 232–233 Foto von Suzan Moore für ABBA über Getty Images 238–239 Foto von Steve Wood/Daily Express/Hulton Archive/Getty Images JÖNKÖPINGS LÄNS MUSEUM: 14, 29 © Jönköpings läns museum, alle Rechte vorbehalten. AB Conny Rich Foto Polar Music 230–231 Ballie Walsh (Design) REX SHUTTERSTOCK: 2, 83, 96, 98, 120, 121, 123, 124–125, 132, 155, 164u, 199, 225, 228 IBL/Shutterstock 50, 153, 213 Shutterstock 71 Graham Wiltshire/Shutterstock 80 D. Thorpe/Evening News/Shutterstock 89, 100 Andre Csillag/Shutterstock 101, 210 Richard Young/Shutterstock 106 George Brich/AP/Shutterstock 114 Ron Frehm/AP/Shutterstock 126–127 Katsumi Kasahara/AP/Shutterstock 160, 174 Peter Mazel/Sunshine/Shutterstock 182 Sten Rosenlund/Shutterstock 188 David Parker/ANL/Shutterstock 194 Elise Lockwood/Polygram/Australian Film Finance/Kobal/Shutterstock 206 Universal Pictures/Relativity Media/Littlestar/Playtone/Kobal/Shutterstock 211or, 211u Universal/Kobal/Shutterstock 214l Mark Chilvers/Shutterstock 215 Eckehard Schulz/AP/Shutterstock 220 Fredrik Persson/EPA-EFE/Shutterstock ROCKSHOT: 6 Bengt H. Malmqvist © Premium Rockshot 17 Lars Åke Palén © Premium Rockshot 23 Ulf H. Holmstedt © Premium Rockshot 40 Lars Falck © Premium Rockshot 118–119, 136, 140, 141, 154, 162, 169, 170–171, 181 Anders Hanser © Premium Rockshot THE CONTENT PEOPLE: 105 Magic Moments of Rock & Pop/The Content People